虧我一直把你當朋友

拒絕別人對你的傷害，
找回關係主體性的
關係心理學

精神科醫師 成裕美 著

suncolor
三采文化

推薦序

別在關係裡忽視自己的感受

臨床心理師　洪仲清

這本書有兩個重點，第一是在談操控關係的樣貌與本質，第二是在談如何設立界線。基本上，當關係失去了平等與尊重時，這本書就是個指引。

對方如果願意以平等與尊重的態度善待我們，那我們其實不太需要常把界線亮出來。但對方如果不願意善待，那界線就是我們自我保護的防線——能自我保護，是關係永續的基礎。

「我相信你，然而你卻利用了我。」

這本書談操控關係，頗有新意，也深刻入理。

常被背叛與欺騙，是一種很明顯被利用的處境。然而，更幽微的是，我們被看待成某種「功能」，而非一個完整的「個體」。

譬如說，有朋友被當成是情緒垃圾桶的角色，常在對方失落的時候，被吐苦水，要花上許多時間與力氣傾聽。可是，吃喝玩樂同享福的事，就輪不到她，這讓她相當寒心。

「將對方當作情緒垃圾桶的人，如果發現善於傾聽自己感受的朋友，某天再也不願意配合，他們肯定會用盡各種方法對付朋友，試圖扭轉回原本的關係。如果行不通，最後甚至可能演變成攻擊對方的行為。」

作者的舉例太寫實了，正好是她碰上的難題。

當她感受到自己被對方呼之即來、揮之即去之後，她開始提出她也有自己的事，沒辦法好好聽對方訴苦。於是對方開始罵她，說她「不夠朋友」，說她「見死不救」……這反而讓她更認清了這段關係的真相，再次表達自己無力配合，對方在全力糾纏之後放棄。最後聽說，對方找了另一個人繼續當情緒垃圾桶。

操控關係常有一種很根本的互動方式：如果我們沒有乖乖聽對方的話，我們就會受到對方各種形式的「處罰」。

所謂的處罰，常見的除了施加情緒壓力，還有口語攻擊，甚至肢體暴力，或者實質的威脅。但我們會被傷害，我們自己常常是共犯，因為我們常常不尊重我們自己的情緒，為了保有關係所以選擇忽略或壓抑自己的感受。

作者帶著我們接納自己負面情緒，教導我們「想要守護關係，就要練習說出內心話」。從自己的需求照顧起，再談滿足他人會較有餘裕。

以自己為優先，那是愛自己、顧根本，不是都得淘空自己才可以換一個「不自私」的美名。關係也可以暫時休息，或者保持距離，包括離開關係，也可以是選項之一。沒有能力離開關係，常常是任人宰割的重要原因。

有些人真的就是會找那些好欺負的人，發洩自己的情緒。常提醒自己：想跟人好好相處，不能被當成好欺負！

要記得，這世上沒有我們非得接受的關係。要爭取自己的尊嚴，那就要試著在經濟與情感上獨立。我們沒辦法脫離對方生活，我們就自然容易受到對方制約。

祝願您，藉著閱讀這本書，看清操控關係的本質，因此滋生力量主導關係！

作者序

對你來說，什麼是朋友？

坦白說，這本書是我的處女作。第一次總是如此，有擔憂、有緊張，也有些激動。我就這麼朝著這陌生而特別的旅程，邁出了第一步。

曾經有人問我：「什麼是關係？」我立刻被這個主題吸引住了。當然，我也相當好奇如何透過書本這個媒介來傳達想法。於是，到這把年紀從沒想過的「寫書」計畫，就這麼展開了。當時我正準備生下第二胎，心想著一旦孩子出生後就不會再有心思可寫作，便打定主意「盡速」完成本書，並迅速投入寫作中。

這本始於對人際關係疑問的書，也在緊密的「人際關係網絡」中完成、出版。如果只有我一個人，肯定無法辦到。幸虧在我提出初稿後，這本書沒有立刻出版，我才得以進一步完善書中內容。

正如孩子出生前，在母親的子宮中成長一樣，這本書在面市前，內容也不斷與時俱進。就這樣一年、兩年過去，我的想法也不斷改變與有所進展。雖然尚有不足之處，不過書中的內容也豐富了許多，值得慶幸。

「分享，能使快樂加倍；分擔，能使痛苦減半。」

這句古老而精闢的句子，近來難以再喚起人們心中的共鳴，而是遭到漠視，實在令人心酸。反倒是各種荒謬的言論，更為貼近真實。

在長久的關係中累積下的創傷與痛苦、背叛，並不容易抹去。如果最終只留下傷疤，那還算萬幸，最大的問題在於我們會因此改變了自己看待生命的視角，冷卻了對待他人的心靈溫度。

不過，比起被背叛的當下，更難過的是自己被背叛之後的日子。因為那種疼痛幾乎令人夜不成寐，深深烙印在心上的污痕，經過數年也還忘不了。

我希望經歷過那種傷痛的人，都能來讀這本書。雖然本書對於想要展開新關係的人，也有一定的幫助，不過我更關注的，其實是人們在經歷長久的關係後，在各方面受到的創傷。希望藉由本書的介紹，鼓勵他們面對之後的治療過程，從而挑戰新的人際關係。這段路也許很辛苦，但是我想透過本書傳達給讀者的是「分享，能使快樂加倍；分擔，能使痛苦減半」這句名言，希望這種情誼終將回到我們身旁，成為日常生活中的奇蹟。

對你來說，什麼是朋友？這問題可能問十個人，會出現十種不同的答案。但是在我看來，能夠一起分享快樂、分擔痛苦的人，就是朋友。儘管我們的目標各不相同，但是同在一起時，我們就是最幸福的、最親密的朋友。

本書獻給我的家人與真正的朋友小綠、小炫、元元，是你們成就了今日的我，我衷心愛著你們，並要向你們說聲感謝。還有總是真心與我分享，和我一起走過出版前所有旅程的某兩位摯友，我要向你們表達最深的敬意。最後，感謝影響力（INFLUENTIAL）出版社，全力推動這本「處女作」的出版。

二〇一九年三月

成裕美

前言

我是不是被人利用了？

每個人都會遇到「被利用」的課題

某天，十九歲的智賢看見朋友的ＩＧ後，發現自己竟然不是朋友的頭號閨密，心情大受打擊；上班族禹連認為一定會來參加自己婚禮的十年好友，竟用各種藉口逃避出席，因此氣得說不出話；四十多歲的英玄對數十年來把自己當情緒垃圾桶的家人氣憤不已，最後生了心病，開始尋求心理諮商。

是的。翻開本書的讀者，很可能是曾經在關係中受傷的人。這些人有老有少，面對的人各不相同，情況也迥然不同，不過都能歸結到一個核心。那就是這都是關於「我與你」、「我與它」的問題。

在正式進入內文前，我想先指出這略顯沉重卻非常重要的議題。因為接下來，我們即將開始「認識自我」、「認識他人」，並且真正地認識到「關係」。

馬丁．布伯的「關係本體論」

被譽為關係哲學家的馬丁．布伯（Martin Buber），將彼此的邂逅定義為我選擇了他者，或者我被他者所選擇①。換言之，人與人之間的相遇，同時發生著「選擇」與「被選擇」的情況。

在此定義中，存在著對關係的重要洞見。

關於遇見，人們大多只想到是自己選擇了對方。但是，這是只知其一，不知其二的想法，因為我們自己也是被對方所選擇的人。唯有明白人我關係之間也存在著這種「被選擇」的觀點，我們才能理解「為什麼對方抓著我不放？」、「為什麼對方想利用我？」站在這種觀點來看，分手、離婚、絕交等緣分的斷絕，就是「選擇」與「被選擇」關係間的斷裂。

馬丁．布伯的「關係本體論」將關係區分為「我與你的關係（Ich-Du）」與「我與它的關係（Ich-Es）」。

讀者可能已經發現，前者是以「你（人格個體）」為對象，後者是以「它（事物）」為對象。在此最重要的，是「我」這個角色的雙重性。這是什麼意思？布伯認為，「我」會隨著遇見的對象而改變。在「我與你」之中的「我」，是為「人格個體」，而在「我與它」之中的「我」，則是試圖利用事物的主體。看似是相同的「我」，其實存在著「人格個體」與「利用者」的雙重意義。

「我相信你，然而你卻利用了我。」

現代人所受到的傷害，便是由此誕生。我以「人格個體」的身分站在你面前，你卻以「利用者」的身分對待我，這種認知上的差異引發了憤怒與失落。而在這句話中，蘊含著「對於自己未被視為人格個體的不滿」，以及「對於他人時時評價自己，衡量自己價值的不安」。

1 這個定義出自馬丁．布伯的著作《我與你》（Ich und Du），一九二三年於德國出版，是一本探討關係哲學的名著。台灣譯本為陳維剛譯，桂冠出版，一九九一年。

你可能也利用了別人

但是，我要在這裡提出一個問題：究竟有誰能逃開這利用和被利用的關係呢？我們一般只對自己變成對方眼中的「它」感到不滿，可是其實沒人能保證自己又何嘗不是「我和它」關係中的「我」（利用者）。

在諸多原因下，任何人都需要其他人的存在。不管有沒有意識到，我們都在利用他人。事實上，直到現在都是如此。無論如何，重要的是發現「我」有意利用他人的態度，並正視這個態度。唯有如此，我們日後才能在某個人反過來利用我的時候，不立刻定對方的罪，而能妥善解決關係的問題。

◆「我」的特性：我需要他人

這裡的「我」，不具有高層次的目的，例如人與人的交往、互動、分享等。當前的我，單純只是需要他人所具備的「某種東西」，並帶著這個目的認識他。因為他人確實擁有我所渴望的「某種東西」，因此我想要積極地接近他。

即使發現自己有意利用他人，這個態度在實際的人際關係中也不會造成問題。唯有我們忘了以下的重要認知，「利用與被利用的問題」才真正開始。

◆對「人格」的感知：

（因為我有需要而想利用的）那個人，其實是和我同樣擁有「人格」的人，而非事物。

然而，這種感知，並不會簡單明瞭地以「有」或「沒有」的形式出現。我認為這點，正是人際關係必然會變得困難、複雜的最大原因。因為利用是有程度之別的，所以希望各位在看待自己或他人時，試著去感知自己將對方視為「人格」個體的程度有多少，才能衡量雙方的關係。因為每個人的感知水平確實不同，所以我們利用他人的程度或性質、頻率也不同。

我們都活在「利用」與「被利用」的關係中

我把可能略顯艱澀、沉重的內容，放在正文之前，其實是有原因的。第一，擔心讀者抗拒貫穿整本書的主要觀念，例如因為「利用」、「壓榨」等用語，因而扭曲了本書的重要訊息。因為當「利用」這個詞用在人們身上，立刻就像被貼上負面標籤一樣。「利用」並非都是不好的。現在各位也許無法完全接受，不過希望你至少接受這種想法的可能性，用這種態度翻開第一章。

第二，如果受限於「我經常被人利用，我是受害者」的被害意識，我們就永遠無法走進期盼的公平關係中。如果你正因為人際關係的問題受盡折磨，那麼無論是經由何種方式，肯定會有不少被傷害的經驗。即便如此，我們依然得接受各種可能性。我希望各位體認到「我可能並非永遠的受害者」、「我也可能從對方身上得到我所需要的，並且一直利用著對方」，以開放的態度，重新描繪關係的樣貌。

在我們處理關係中「被別人利用」的問題時，用上述提及的「以自己被視為人格個體的程度有多少」來考量，會是較為妥當的。這種利用的程度是否會破壞彼此到目前為止的關係？又是否會打擊到我的自尊心？仔細判斷後，再採取後續舉措即可。在此過程中，我們將可察覺到某些關係中的極端角色，也就是所謂的極端自我主義者。

本書中出現的案例，盡可能以實際情況為主，甚至有些案例都不禁讓人懷疑，那些人是不是做得太過分了。如果各位讀者遇到對方無禮的程度與此類似，那時請不必猶豫，立刻以「保護自己」為優先。要注意的是，在此之前，你必須確實想好「我要的是什麼」。關於這個部分，本書將會在許多章節中大幅說明，在跟隨書中的引導時，請你務必時時將這個問題放在心中。

目錄
content

Part 1

從現在起，我不會再被人利用了

Chapter 2

關係中沒有欺騙和背叛，只有誤解

Chapter 3

有些人，會利用身旁親近的人

Part 2

保護自己，不再受到別人的情緒攻擊

Chapter 1 如果你不喜歡，就直接說出口

Chapter 2 讓自己放手吧，期待下一次再見

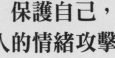

Part 1

從現在起，我不會再被人利用了

Chapter 1

有些人，
一開始就不在乎這段關係

「我相信你，然而你卻利用了我。」
現代人常受到的傷害，便是由此而生。

總在需要時，才聯絡我的朋友

——「利用」與「好意」的差別

只有和男友分手後，才會聯絡我的前輩

寶妍最近的心情相當低落，因為有一位平時都無消無息的前輩，只有在和男朋友分手或心情鬱悶時，才會跟她聯絡。如果兩人是經常見面的朋友關係，寶妍還可以直接對她發脾氣，但是偏偏兩人一年才見兩三次面，要是連前輩這寥寥可數的聯絡都不回應，恐怕這段關係就會如此斷了，因此寶妍也不敢直率地說出不滿，只能默默隱忍。直到獨自承受委屈的寶妍，遇見了同樣遭到那位前輩如此對待的晚輩。

「姐姐，你太善良了，還是你捨不得斷了這段關係？我也和那位前輩見過幾次面，覺得不能再這樣下去，就一刀兩斷了。你知道那位前輩怎麼說你嗎？她說你是LPG。」

「LPG是什麼，跟路上的LPG①加油站有關嗎？」

「嗯。她說你會好好傾聽（Listen）她說的話，讓她的想法變得正面（Positive），所以每次跟你見完面，就會擁有美好的一天（Good day）。」

「她這樣說是什麼意思呀？聽起來像是稱讚我，又好像不是。」

「這是哪門子的稱讚，她這是在利用你啊！那位前輩親口說，當自己過得順利或幸福的時候，就沒必要和你碰面。難道她是把你當成她的心理治療師嗎？」

「原來我只是一個為她打氣的加油站啊！我又不是為了讓她這麼說，才聽她傾訴五、六個小時，甚至還買酒給她喝的……」

---

① LPG，Liquefied Propane Gas，一般是指液化石油氣，這裡有雙關含意。

你是不是被人「利用」了？

在人際關係中，到底什麼是「利用」呢？我們經常說：「我今天又被某人榨乾了。」但是天天把這句話掛在嘴上的人，當被問到他為什麼這麼想的時候，卻又說不出個所以然。這是因為我們向來只會感到自己被利用了，卻不曾好好思考過具體的情況或相處模式。

你可能會如此想：

「我總覺得他讓我感到不舒服，但又說不上來。」

「回顧過去，我不能說自己是被他利用了，但也不是真的沒被利用。」

當我們想安慰、鼓勵一個低潮的人重新站起來，必然會消耗巨大的心理能量。只要你跟對方見過一次面，就足以令人心力交瘁，安慰他人正是如此辛苦的事。各位是否有過為了「讓對方好過」，導致自己心神耗弱的經驗？就算只有一兩次也好，如果相同的事情一而再，再而三地發生，那麼你最好有所覺悟，盡快結束這段關係。

許多人正經歷與寶妍一樣的事。問題是，他們分不清楚自己是被對方利用了，還是只是自己太敏感。因為這些事，並不像自己的錢包被對方偷走一樣，是明確可見的犯罪事實。

在彼此互動時，如果你心裡忽然浮現「我是不是被利用了？」這句話，請立刻保留這個質疑。

其實不管答案是否為真，最重要的是，你心裡正感到不舒服這個事實。就算你不能當場質問對方，至少也要認知到「他不應該這樣對待我」。

要是當時你心中的不滿沒有當場獲得解決，日後你們見面時，你心中肯定會懷有更強烈的憤怒：「你那時竟然利用了我？」如此一來，你不但會失去這個朋友，長久的情誼也就此結束，你甚至可能會責怪自己：「我怎麼連交朋友這種小事都處理不好，最後竟落到這般田地。」

但是，這對我們而言，並不是一件容易的事。雖然每個人情況不同，但是要調適好自己的心情，以及和這段關係的距離，仍需要一段相當長的時間，可能長達四五個月。有時我們若因此過於傷心，甚至會導致自己的人生暫時陷入停頓。

就算被利用，也不要意氣用事

如果各位有遇過上述案例中類似寶妍的情況，像是自己曾被人利用，或是正經歷這樣的事，希望你先好好思考「促發效應（Priming effect）[2]」和「判斷時機」。

在認識利用的本質前，我們先來了解「利用」一詞對人們的影響力。請你仔細想想，還有沒有其他詞彙像「利用」一樣，在感受到時會瞬間令我們憤怒。在心理學用語中，有所謂的「促發效應」，指的是之前出現過的刺激，會影響人們對下一個刺激的反應。如果在之前的互動中，對方曾讓你出現「我是不是被人利用了？」的想法，你會開始受限於這個想法，那麼未來對方再怎麼真誠以待，你也難以接受他的親切與真心。甚至可能全盤否定對方，懷疑對方只是看上自己的利用價值。

寶妍也會出現相同的情況。聽完晚輩的話後，她或許會想著「自己被當作前輩的情緒垃圾桶了」。她可能因為難過而當場封鎖對方的 KakaoTalk[3]。但是各位最好立刻停下這個舉動，並審慎思考這個問題：你是不是因為促發效應，導致自己和前輩相處過的美好時光也全都黯然失色？

其實在看診時，我都會告訴患者「不要意氣用事」，要他們先靜下心來。比起在情緒爆發時因衝動而做出決定，最好的解決辦法，是讓你自己確實清楚「這是我經過一番思考後才做的決定」。這並不是要你忽視個人感受，而是在尊重自己感受的前提下，理性採取行動。當然，這也是為了保護自己。

所以，在我們評估自己「被人利用」的問題時，也要思考自己「沒被利用」的時候。除了眼前「被利用」的事實外，我們對於彼此間過去相處的「關係質量」，也要平心而論。

如果過去彼此共度美好的時光較多，那麼你最好坦白地將自己的感受告訴對方，讓你因為感到被利用而不舒服這件事當下立刻獲得解決；如果你認為彼此共享的美好回憶並不多，之後再做出決定或採取行動也不遲。

---

② 促發效應，由美國心理學家梅爾（David E. Meyer）和史凡德維特（Roger W. Schvaneveldt）所提出，指先前的刺激會影響人們對下一個刺激的反應。換言之，若先讓人們接收某個資訊，他們對後續相同資訊的反應速度就會加快。

③ KakaoTalk，韓國通訊軟體，類似 LINE。

你會因為吃虧而不滿嗎？

——「超我」④給你的良心懲罰

朋友每次和我約會都遲到

在人際關係中，總是吃虧的一方，常會遇到別人和他們約會時總是不守時的問題。雖然這看似相當微不足道，不過也沒有像約會時間這樣能夠明確定義兩人關係的標準了。為什麼呢？這正是出於依賴效應。當等待的一方淪為「低價者」時，遲到的一方就成了決定對方時間的「影響者」。甚至可以說在見面之前，雙方的關係就已經排出高低尊卑了。就像在相親或某些聚會中，巨星永遠是最後出場一樣。

智仁無助地向我抱怨，有位朋友每次和他約會都遲到。他說和朋友見面時，對方在十次約會中就有八次遲到，有時會遲到二十分鐘，有時甚至遲到四十分鐘。比起等待的時間，更大的問題是出在朋友的態度上。智仁的朋友對於自己遲到的行為，從未感到抱歉。

要是別人的話，大概會就此取消約會，或是自己乾脆也晚三十到四十分鐘出門，以應付當下的情況。而智仁採取的策略，卻是比約定時間晚十分鐘出門。他想朋友還是有可能早點到，於是只晚十分鐘到場。但是不變的是，智仁依舊得等上一陣子，而且這種見面模式維持了四年。

然而就在某一次，智仁遲到了三十分鐘左右。這位朋友竟然對智仁發火：「你讓我等那麼久，今天全部的花費都由你買單。」那位四年來遲到那麼多次，也從未因此請過一杯咖啡的朋友，卻反過來指責智仁的不是。

④ 精神分析學家佛洛伊德（Sigmund Freud）將人格分為「本我（Id）」、「自我（Ego）」與「超我（Superego）」。本我，代表人類最原始的基本需求，如飢、渴、性三者均屬之；自我，是本我在現實中分化發展而成，當本我慾望不能在現實中獲得滿足，自我就必須控制本我；超我，居於人格結構的最高管理地位，是個體受到社會文化道德規範下而逐漸形成的。

當我損及他人時，會過度內疚

你覺得總是默默隱忍，對朋友的要求唯命是從的智仁，算是好人嗎？不是的。在這種情況下，一般人只要對自己這次遲到的事實道歉即可，對於朋友的態度，可能還是會感到生氣或表示無奈。不過，智仁又是如何回應的呢？他不僅全程買單，甚至答應對方自己再也不會遲到，這才起身道別。從外人看來，都想問他「你傻了嗎」，但是你又能如何？這是超我意識較強的人所會展現的特質。

智仁心中是這麼想的：「我等人沒有關係，但是不希望對方等我。若造成別人的損失，對我而言簡直比死還難受。乾脆我來等他吧。」在精神分析中，這種想法是源於「超我」帶來的良心懲罰。

只有真正善良的人，內心才會因此獲得平靜，而不是「假裝善良」、「假裝理解」的人。只不過這裡所說的善良，並非我們認知中的「善惡」中的「善」，而是在不違背自己良心的前提下作出決定，也不會使他人受害的某種「自我的原則」。在與朋友的關係中，智仁誓死守住這個原則，然而，他最終忍受不了朋友那自私的態度，只好舉雙手投降。

讓我們繼續把問題弄清楚。如果你像智仁一樣，是個彬彬有禮的模範生，又或者經常把禮讓他人、把提早出發等待對方視為美德，那麼請你捫心自問。

「當我出於善意這樣做的時候，心中難道沒有　絲不滿嗎？」

如果你內心有所不滿，那便不是出於真正的善意，一旦你因此感到不舒服，就不該將此視作善行。唯有你認同這一點，才能進入下一個學習的階段。

我在這段諮商的尾聲，再一次告訴智仁這個重要的結論。

「為了營造良好的關係，我們會為自己建立一套規範和準則，並且努力遵守，這當然是必要的。但是當不滿的信號出現時，讓自己『及時認清事實』也是同樣重要的。」

你是否受害仍不自知？

「你覺得一定要等待、禮讓別人，才是好人嗎？」

「你這句話的意思是？」

「你與其選擇隱忍，最後才一次爆發，不如當下即時反映自己的心情，有不滿的地方就說出來，這樣不是更好嗎？請你捫心自問，等朋友的時候，你真的覺得無所謂嗎？我會這麼問，是希望了解你為這段關係建立的『標準』，對自己帶來了什麼樣的影響。」

「當然是好的影響囉。讓對方等自己的人，一點做人的道理都不懂。他們總是我行我素。」

「沒錯。那還得看當下的情況而定，不過今天我們要探討的重點會放在你身上。你等了朋友四十鐘之久，而且每次還會這樣繼續等待，這時的你該感到不滿，才是正常的。希望你能夠回想一下，當你心中出現不滿時，你是否刻意否定或壓抑了這樣的情緒？」

「一開始我也覺得不介意，但現在就不想再繼續忍受下去了。」

「你從一開始就一直忍到現在也太久了吧，四年的時間太長了。那麼趁著這次機會，請你從『我是否幸福』的角度，來思考你為關係建立的『標準』是否合理。」

「我懂你的意思。你是要我別太受限於自己的良心和準則，是嗎？」

「正是如此。這樣一來，你的生命就會像失去水分的枯木般，變得枯燥乏味。」

讓自己的生命因不斷受到壓榨，而有如失去水分的枯木一樣，這是超我意識較強的人的特徵。超我的英文是Superego，那些明明被對方壓榨卻選擇繼續維持關係的人，顯示他的超我傾向比較強烈。智仁就是屬於這種類型。（你可以試著這麼理解，朋友中比較自私的人，是「本我」較強的人，如果與之相反，就是「超我」較強的人。）

「你不知道自己這樣做，等於被別人占便宜了嗎？拜託你不要再配合對方了。」無論我們怎麼苦口婆心勸告「超我」較強的人，他們仍然會不為所動。雖然總是被對方利用，他們也感受不到憤怒。這裡指的「感受不到憤怒」，並不是說他們完全沒有感覺。而是在別人看來明顯已可激發十級憤怒的事，他們卻只表現出兩到三級的不悅，甚至還會對自己發火這件事感到自責。這不是因為他們懂得寬宏大量、接納他人，而是對於他人侵害自己的感受太遲鈍的緣故。在別人占有絕大部分的好處之前，他們感受不到威脅或是憤怒。

對於上述情境，你又會如何反應呢？你是不是感受不到自己的憤怒？還是只要表現出兩到三級的憤怒，你就會感到自責？了解自己感受到了什麼、自己是什麼樣的人，是相當重要的，因為關係中所有的改變都源自於此。

我再也不想做朋友的配角

——當你遇上極端的自我主義者

你怎麼能變得比我漂亮？

自私的人都有一個共通的特徵，那就是沒有意識到自己的行為非常自私。就算他們知道，也會用「別人也都這樣」來合理化自己的行為。所以即使做了不對的事，也從未感到一絲自責。

正值二十多歲的世美天生臉蛋標緻，又懂得保養，因此很受眾人歡迎。但是她的性格上有個缺陷：凡事如果沒有以她為主，她就會變得歇斯底里。無論在何時何地，世美都希望自己是眾人的焦點，而且她想要的東西，她一定要優先擁有。如果身旁的朋友看起來比她亮眼一些，或是先獲得她想要的東西，在朋友圈中肯定會掀起一場風暴。

「我有個朋友在瘦了十公斤之後來找我。她怎麼可以瘦下來，憑什麼比我瘦！所以你知道我怎麼對付她嗎？跟她聊天的時候，我連減肥的『減』字都不提，這是故意要氣她的，因為我沒必要把她捧成公主。她要是不回到原本的身材，以後我絕對不跟她見面。」

世美覺得朋友本就該矮她一截，不料卻被反將一軍。

就算是自私也有程度的差別，而世美的自私心態卻相當嚴重。在精神分析學中，將這種人的心態稱為「惡性自戀（Malignant narcissism）⑤」。這種人看似會關心他人，實則不曾真正關心；只要他自己的利益受損，或是他的自尊有一絲受創，

---

⑤ 惡性自戀（Malignant narcissism），最早由美國社會心理學家埃里希．佛洛姆（Erich Fromm）提出，是一種混合自戀、反社會人格障礙、攻擊性、虐待狂等各種極端的心理問題，常常會自我誇大，同時伴隨對他人的高度敵意。

他便會強制結束這段關係。換言之，任何關係的開始、發展與結束，都必須以他們為主。

惡性自戀者，會不自覺「利用別人」

「怎麼會有人完全不關心別人的感受？」

看到上述類型的人，一般人都會表現出百思不得其解的反應。但是真要問那些惡性自戀者「為什麼你從未替別人著想，只想要利用別人？」，他們的回答總令人跌破眼鏡。

「你說的是我嗎？我才沒有利用過別人。」

從他們的立場來看，這句話確實沒有錯。因為他們自始至終就不曾在意別人和自己的關係。這代表著什麼呢？惡性自戀者只會關心能帶給自己實際用處的對象。因此去問那些只在意自己需求的人：「你為什麼利用別人？」這個提問本身就是不明智的。

世美也是具有那樣特質的人。她需要的是將自己襯托成主角的配角，不料某天其中一位配角竟然反客為主。由於她的自尊受創，於是結束了和這個朋友的關係，卻從不曾想過她的朋友根本沒做錯什麼。這不過是主角自身在追求自我滿足的過程中，形成的一段虛假的關係。當這段關係不再符合自己的利益時，那位朋友就莫名其妙地成了「被害人」。她之所以會認為「我又不是故意的」、「我才沒有那樣利用別人」，正是因為在她心中「別人」本來就不存在，又何來的「利用別人」呢？她心裡自始至終就只有自己呀。

如果你和這種人扯上關係，並因此受到傷害的話，請把它當作明確的「信號」，毫無懸念地轉身離開吧。這種人一開始就只在意你的「用處」，而非「你」這個人。就算你轉身離開了，那個人的一生也不會有所改變。我可以向你保證，未來將會有足以取代你的人自動填補你的位置。

正如某首歌曲中的歌詞：「這個世界的主角是我」，每個人都想成為主角。這是人類的本能。但是在這個過程中，可不能出現犧牲者。存在主義哲學家沙特在戲作《沒有出口》（No Exit）曾說：「他人即地獄。」至於他為何這樣說，眾所紛紜，不過我想這麼解釋——「因為他人也和我渴望同樣的東西」。

我渴望成為主角，相對地，對方也不會渴望成為我的配角。就像我想優先實現夢想，對方也不會想晚我一步成功。我們必須尊重他人的夢想如同自己的夢想或渴望，才能成就「健康的關係」。

愛自己和自我中心主義並不同
——當欲望勝過自我時

●對自己和別人雙重標準的人

有句話說：「只許州官放火，不許百姓點燈。」從心理學的觀點來看，這是由於個人的需求無法滿足所致。

當自我發展不健全時，便可能成為極端的自我中心主義者，或極端的他人中心主義者。雖然在生活中這是全然相反的情況，結果卻是殊途同歸。

「以自我為中心的人，不是都會先想到自己的需求嗎？這種人怎麼可能和先考量他人需求的人一樣呢？」

也許有人會因此感到疑惑。其實寬以待己、嚴以律人的自我中心主義者，常常不知道「何謂真正愛自己」，他們無法區分珍惜自己和以自我為中心的差別。讓我們來看看以下載熙的案例。

載熙生在有三個弟妹的家庭中，她在家中排行老大。就像一般的家庭一樣，三個小孩之間經常為吃的、穿的而爭吵。因為載熙是老大，所以常常被迫要對弟妹們讓步和體諒。儘管載熙早已年過三十，並步入家庭，生活也過得平順，她仍然無法拋下這樣的想法。

「我活到這把年紀，總是把別人放在第一位。但從現在起，我要開始為自己著想，把自己放在第一位。」

從那一刻起，載熙不再隱藏自己的真實需求。當公司的同事出差回來，買餅乾送給大家吃時，載熙竟然掃下一大把餅乾，直接放進自己的抽屜裡。在公司聚餐的場合上，她也會把餐桌上的各種料理逐一拿到自己的碗盤中，等到碗盤中的餐點堆得如小山般高後，她又吃起自己另外點的食物。

起初同事們總笑說：「載熙真貪吃呀！」後來紛紛為此皺起眉頭，「為什麼她把餅乾一掃而空？」、「這是和大家分享的東西，你不能獨占啊。」因為同事們不想被人認為自己對食物斤斤計較，只能把這些話吞進心裡，不滿地看著載熙的行為。

當我不想再體諒別人，人生變得好輕鬆

當我和那些常被別人說「你只想到自己」的人聊完後，我發現不少人像載熙一樣，過去都曾有過被迫禮讓的前例，進而在日後表現出驟然改變的行為。「我不能再這麼下去了。從現在起，我要好好照顧自己。」載熙這類人和自始至終只為自己著想的人有所不同，但他們的誇張行徑卻令人皺眉，因為這種將餅乾一掃而空的行為，看來跟幼兒沒什麼兩樣。

有趣的是，載熙也知道自己的行為已引起他人反感。於是我問道。

「你明知如此，為什麼繼續那樣做呢？」

「因為我不那麼做的話，就沒有人會為我著想。因為我吃飯的速度比較慢，小

時候，明明我還想吃面前的食物，父母卻總是一邊對我說：『你知道自己是老大，要特地留給弟妹吃吧』，一邊將我面前的食物拿走。現在已經長大成人的我，可不想再這麼活著。」

「那麼在過去和現在的兩種生活中，你覺得何時更幸福呢？」

「嗯……如果是從別人對我的評價，或是和他人的良好關係這點來看，過去的我當然比較好。因為我總是在禮讓，犧牲自己成全他人。但是，現在的我卻更幸福。一開始確實不容易，可是當我放下體諒和禮讓之後，變得好自在喔。我好像已經回不去了。」

「看來你覺得自己的需求比和人們的關係更重要呢。」

「是啊，人不可能兩者兼顧的。」

看來載熙是心意已決了。我看著載熙，試著思考該如何衡量「體諒」在我們心中的重量。若我們想衡量體諒的重量，最好的方法是像載熙一樣，完完全全放下。在我們放下同理心、體諒、禮讓等自認「良善」的行為後，重新獲得的自在感，就是體諒在心中的重量。想想看，一直以來只為別人活著的人，變成只需考慮個人需求時，那一瞬間他會有多麼輕鬆。這就是為什麼原本善良的人，因為某種原因發生轉變後，便再也無法回到過去。在當下的輕鬆自在變得使自己不適、感到沉重之前，體諒將難以進駐載熙的心中。

就算擁有想要的東西，你也不會感到幸福

無論是自始至終都很自私的人，還是像載熙一樣突然變得很自私的人，都有一個共通之處——就算擁有了他們想要的東西，也不會感到幸福。因為在以自我為中心的行為中，並不存在著為自己著想的真心，有的只是無窮無盡的欲望而已。從結果看來，因為他們的欲望永遠難以滿足，最終只會使得自己聲名狼藉，在自我行為的管理上亮起了紅燈。

在此，我想從現實層面拋出一個重要的問題：你覺得載熙那樣的行為聰明嗎？她在公司將同事分享的餅乾一掃而空，而公司是個「公共空間」。在這種空間中，載熙必須考慮到自己的一舉一動都可能影響個人聲譽。因此我問她。

「你把滿足個人欲望視為第一，還是把個人聲譽視為第一？」

這是關於兩者優先順序和實際上對自己影響程度大小的問題。我之所以這麼問，原因很簡單，個人欲望與現實之間理應保持一定的平衡，但是實際上做起來並不如說得這麼容易。這時的解決之道，唯有排列優先順序。所以我先引導載熙衡量「何者實際上對她的影響最大」，讓她自行決定優先順序，接著再幫助她按照優先順序執行，藉此改善情況，這也是我的治療目標。

「我了解醫生的用意。如果那樣做，我又得繼續忍耐不是嗎？就像以前一樣。」

「如果連你該有的那一份都被別人拿走，那你就得有所表示，因為我們必須保護自己免於不利或攻擊的情況。我指的是在你必須延遲滿足個人需求的情況下，你就非那麼做不可。」

「我知道。在公司的時候，名譽比個人欲望更重要。」

「你實在沒必要做那些傷害個人名譽的事。當然，我並不是說名譽的價值高於個人欲望的滿足。」

「好，我明白了。」

「如果你繼續那樣的行為，最後只會對自己不利不是嗎？要是你真的不清楚在不同情況下該如何應對，請想想『公』和『私』的界線。」

「什麼是『公』和『私』的界線？」

「就是要求自己在私人空間內解放個人欲望，但在公司則以維繫關係或名譽為優先。」

「嗯，聽起來很難，不過我會試試看的。」

我並非單純要求載熙學會區分「公」與「私」的界線，而是希望她最終擁有健全的自我。因為擁有健全自我的人不會脫離現實。這樣的人不僅能掌握並接受隨時在改變的現實，並且重視個人與現實兩者之間對自己的影響力。我們過於在意他人的目光、評價而無暇顧及自己，雖然是一個問題，但是在職場生活中，全然不在意他人想法，也是相當奇怪的事。

無論如何，最令人惋惜的是載熙放棄了與別人的關係。不知道自己身處何地、面對的是誰，甚至連自己為何這麼做都不知道，這是非常危險的。因為現實並非實現幻想的舞台，也不應該任意讓幻想成真。

我們必須認知到這個事實：努力尋找兩者的平衡，不代表自己向現實屈服，而是為了保護自我所主動選擇的行為。唯有如此，才不會讓自己所選擇的重要職場，淪為解決幼兒時期欲望的場所。

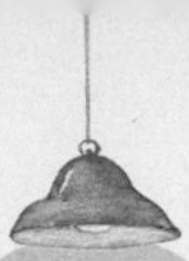

好好想一想

當人們喪失自我，只剩下欲望時

在本我（只強調個人欲望的本能）主導一切的情況下，若人們想要看清欲望的本質，並且將欲望引導到正向發展，就必須依靠健康的自我。

然而身處這種情況下的人，內心的自我往往是貧乏的。貧乏的自我無法完全發揮原本的功能，是理所當然的事。於是人們只能隨欲望波動，卻對此束手無策。

簡單而言，就像你用一隻弱小無力的手，抓著不斷膨脹的欲望氣球。只有力量夠強大的自我才能承受內心欲望的逐漸膨脹，也只有這種人才有餘力關懷他人。最糟的情況是，你完全抓不住那顆日漸膨脹的氣球的時候，那會造成什麼後果？你就只能等待氣球不斷膨脹，最後爆炸。那些總是禮讓他人，不懂得拒絕，只能自己承受煎熬的人，就如同「沒有健全自我」的人。

請千萬不要誤會，那些在關係中追求原則與和諧更勝於個人欲望的「超我」較強的人，他們並不是沒有個人欲望。只是因為他們的「超我」正發揮力量，使得「本我」受限於角落，無從施展力量而已。在面對「本我」較強、以利己為本能的朋友時，他們心中如模範生般的「超我」便會挺身而出。這也是為什麼常被壓榨的人，即使「對象」改變了，他們仍繼續被人壓榨的原因。

面對始終只會利用他人、以利己為主的「本我」，和即使被利用也無法脫離這段關係、以利他為主的「超我」，必須有「自我」的介入與協調。當「本我」與「超我」在我們內心有所衝突時，「自我」便發揮了居中調解的功能。不過「調解」這個詞容易給人刻意控制的感覺，還是使用「居中協調」比較好。當我們在關係中遇到嚴重的問題時，「自我」容易失去方寸，變得急躁。這時你的「自我」的健全和智慧與否，將決定協調「本我」與「超我」的成效。

這裡談到的「本我」、「超我」、「自我」等心理學用詞，可能會使部分讀者感到艱澀、混淆，那麼我在這裡重新解說一下。

所謂「我」，是由本我（Id）、超我（Superego）、自我（Ego）三者所構成。我們之所以閱讀心理類書籍，檢視自己，不僅是為了解決眼前的問題，最終也是為了以「自我」為核心，成就一個「合一的我」、「完整的我」。

在人際關係中，那些關於「超我」的疑問，如「為什麼我像個笨蛋一樣，總是被人騙？」或者關於「本我」的疑問，如「為什麼別人不能像我一樣，想做什麼就去做？」歸根究柢，這些都是「自我」控制不了內心局面的徵兆。因此，期待各位讀者能透過本書，從各種徵兆中發現自己的問題，並拿出智慧與勇氣，遠離自己過度傾向的一方，往另一方就此邁開步伐。

我不是任你呼來喚去的奴才

——認清自己是不是「冤大頭」

當局者迷，旁觀者清

我們在嘲笑他人或責怪自己商品買貴時，經常使用「冤大頭」這個詞彙，然而這個詞彙隱含的意思，若用於人際關係之中，卻是難以承受之重。因為那代表在我們日常生活的各種關係中，已經出現了很大的問題。

正如寶妍的前輩總在與男友分手後，才會找上門，令寶妍十分困擾，像這種懷疑對方與自己關係的案例，實在多不勝數。如果你無法分辨對方是出於善意或私心，請仔細閱讀自己是否曾遇到以下情況。

◆對方對我的態度，和對其他人的舉止明顯不同

這裡所說的態度明顯不同，指的是什麼情況？當然不是因為關係的親疏遠近而有所不同，而是低於常理之下的表現。如果對方願意為別人空出一整天的時間，對你卻只能擠出短暫的時間，或是只有你改期，他才有空。這就是被人利用了。

如果對方總吝於為你空出時間，你就沒必要再受這段關係折磨了。大可告訴對方：「我不是任你呼來喚去的奴才。」並態度堅決地離開。

◆見過某人後，腦海中不斷浮現「我是不是冤大頭？」的想法

在這種情況下，這個問題的答案十之八九是肯定的。起初你可能會以為自己是有被害妄想症，不過要是這種想法持續數次，甚至持續數年之久，就代表彼此的關係已經破裂。因為當「冤大頭」一詞浮現在我們腦海中時，便是關係從雙向交流轉變為單向付出的信號。自此之後，對方的眼中只會看見你所能提供的「無窮無盡的好處」，而讓你就此落入絕境之中。

◆遭到身旁親友責備：「被人那樣吃得死死的，你也不吭一聲嗎？」

在旁人看來，都想對你高呼「你被那個人利用了」的情況，是否正在上演？

在這種情況下，你被人掠奪資源或被利用的事實都已相當明確，例如時間、金錢、人脈、資源、心軟、同理心或傾聽的心力等。若偶爾只有一兩次還不打緊，如果每次見面，相同的情況總是不斷上演，那麼你除了強硬面對之外，別無他法。因為嘗到甜頭的一方，別說是體諒了，更不可能識趣地退出。

不過，如果對方是職場的上司或同事，問題就不容易解決了。遇上這種情況，比起你強硬表態，最好的辦法是明示上司或同事「自己應得的回報」，以尋求雙方之間的平衡。即使你不一定能立刻得到，但在不久後的將來或許久後的未來，肯定能獲得回報。只要你對這類關係多加關注，不囿於被害妄想或其他私人情感，就能強健「自我」。

不尊重別人的心態

本書的前言中，曾提到馬丁．布伯的「我和你的關係（Ich-Du）」與「我和它的關係（Ich-Es）」，這裡我想再進一步解說。在他所區分的這兩類關係中，「你」代表著真正的朋友、知己、同事，而「它」代表著個人的需要或需求。如果我期待和對方是真正交心的關係，而對方卻另有企圖，只希望得到「它」，那麼兩個人最終無法相近相親。

說得更直接一點，一心只把對方當成「它」的人，和誰都無法成為知己，倒不如坦白跟對方說：「我需要你的某樣東西，把它給我。」可能還不會傷了對方的心。然而令人痛心的是，這種人不僅將他人擁有的「某種事物」視為「它」，甚至連對方這個「人」本身也是。正因如此，他們會煞有介事地營造兩人親密的關係，一旦自己的需求獲得滿足後，便如一陣風般消失。留下來的人則被空虛感所籠罩，因為對親密的渴望而讓自己傷痕累累。

在上述提到的情況中，是否有兩點以上和自己的情況相似？若是如此，那麼我可以說你目前正稱職地扮演著「冤大頭」的角色，就算不是全部人眼中的冤大頭，至少也是某些特定人士眼中的冤大頭。

這不單只是「某個人把我看輕」的問題。隨著時間的經過，這種覺得你好欺負的態度甚至可能演變成企圖任意擺布你的算計。

「我對其他人不在意，至於（好欺負的）你必須照我的吩咐做！」

要是你不肯照他們的意思去做，或者表示其他意見，他們必定暴跳如雷，使出「情緒暴力」來控制你。

情況之所以一發不可收拾，問題當然出於那些企圖操控「軟柿子」的人，但是在對方變成怪物之前，站在旁觀者立場看著這一切發生的自己，其實也是共謀。雖然這樣說很令人難過，卻是不爭的事實。

在此，我們又再次面對一個問題：人與人之間的關係到底是什麼？我們並不是為了奉獻他人而生的神。我們必須從「既單純且美好的關係」這種幻想中脫離，也必須體認到只有相互施與受的關係才能細水長流，真正進入和平相處的境界。無論如何，如果你正期待展開一段新的關係，那麼應該從這樣的態度開始才對。

對你而言，我是「你」，還是「它」？

——看透關係本質的練習

對方得到想要的，就和我斷了聯繫

「我和你的關係」、「我和它的關係」，是我們在理解壓榨和被壓榨的關係時，不可或缺的關鍵。

換句話說，「我和你的關係」是指彼此能產生共鳴，以互動為前提的關係；「我和它的關係」是指以滿足個人欲望為唯一目標的單向關係。讓我們來看看以下秀雅的情況。

秀雅是一個讀書會的眾多管理者之一。在這讀書會裡，每個月成員們都會共同閱讀、分享一本書的內容。經過五年的時間，在口耳相傳下，成員人數也不斷增加中。於是，問題就出現了。由於原本成員的呼朋引伴，讀書會開始變質為社交性的聚會。經過眾人商議後，秀雅和其他管理者改變了入會規則，必須經過公開審查才能接受新進成員。

然而此時，與秀雅僅有一面之緣的前輩忽然找上門來，說自己也想加入讀書會。秀雅搬出這項規定，婉轉拒絕，前輩仍竭盡全力地討好秀雅，長達兩個多月。私下碰面時，雙方不但投緣，前輩也帶秀雅去她想去的地方，為秀雅緩解平日的壓力，種種舉動都顯示兩人似乎志趣相通。而前輩對讀書會的真心誠意，也動搖了秀雅的心。她和其他管理者討論過後，接受了前輩的入會申請。

只是，自此以後，原本每天總會聯絡秀雅數次的前輩，卻開始疏於聯繫。即使秀雅發了訊息，她也是過了一陣子才回覆，甚至秀雅約她見個面，她也以忙碌為由拒絕。正當秀雅百思不得其解時，聽見讀書會另一位成員談到前輩的事。據說前輩加入讀書會不久後，為了加入風評相當不錯的「內部小團體」，無所不用其極，最後終於如願。秀雅是第一次聽到這件事。她雖然是讀書會的管理人，不過成員是否私下見面，或者另外組成新的小團體，並非她所能掌控的。

經秀雅去了解後才知道，原來前輩加入讀書會後，得知成員之間有個人人稱羨的「內部小團體」；而在進入這個內部小團體後，就立即與他們建立私交，一方面則和秀雅徹底斷了聯繫。秀雅的前輩這麼做完全是為了個人需要，之前才願意對她付出心力。

看透關係本質的練習

「本來我很開心認識了交心的姐姐，看來是我一廂情願。一旦她出現了更好的目標，就立刻拋棄我啦。」

對於前輩前後不一的態度，秀雅悵然若失。這兩人的關係非常明確，對秀雅而言，和前輩的關係是「我和你」的關係，而對前輩而言，則是「我和它」的關係。

我建議秀雅，別對前輩的行為想太多。

「這個世界上，並不只有單純的關係。其實在你身上，也和那位前輩一樣存在著『我和它』的關係。」

當我說到有「我和你」與「我和它」這兩種關係的分別時，一般人總會對「我和它」的關係表示反感。然而問題是，要區分這兩種關係並不容易。所以培養自己能巧妙區分這兩種相似關係的眼光，便相當重要。

如果一開始你就看清了利害關係，自然不會用情太深，留下後患。但是在現實生活中，更多時候是像秀雅一樣，你並不是被對方的騙術迷惑，而是一開始原本是「我和你」的關係，之後才變質為「我和它」的關係。所以，我們需要具備能區分這兩種關係的眼光。如果知道自己會被帶往何處，或許還不會感到委屈，問題是當我們相信那是一段真正的關係，掏心掏肺地付出之後，才意識到「原來我不是對方眼中的『你』」。這時你對於自己無法分辨對方意圖的自責，將會超越對於對方的怨恨，並且永遠受此折磨。

我建議各位放慢腳步去思考，在自己的人際關係中，「我和你的關係」、「我和它的關係」各自占了多少的比例。如果發現令自己煩惱的對象，請先別難過，冷靜下來想想：「這個人想和我建立什麼樣的關係」，也就是「我們之間關係的本質為何」。

這只要多加練習即可。當你懂得思考關係的本質為何，並且經常練習，就能具備洞察力，而這將會成為保護自己最有利的工具。如果你期待的是共鳴與互動，而對方卻只希望滿足自我需求呢？這時就需要再加以審視的時間。

「對方需要我，我也同樣需要對方嗎？」

這種捫心自問的時間很重要。對現代人而言，「我和它的關係」如同「我和你的關係」一樣重要。我們再怎麼想和所有人交心，想維持純粹的關係，也會有一定的侷限。同理地，當前輩將秀雅視為「我和它」的關係時，秀雅自然也有可能是將前輩視為「我和它」的關係，去認真思考這個問題相當重要。如果你的答案是肯定的，那麼不妨把這段關係當作「互相利用的關係」。如果你的答案是否定的，就讓這段關係隨風而去吧。既然了解到兩人的期待不同，你就沒必要委曲求全。比起挽留不住自己在意的人，不能「適時」送走早該送走的人，對人生造成的傷害更大。

Chapter 2

關係中沒有欺騙或背叛，只有誤解

當關係破裂前，究竟我們之間發生了什麼事？
請試著從這裡尋找答案。
唯有如此，才能避免胡亂歸咎責任。

用金錢可收買人心，用人心可換來金錢

——建立為對方花費的限度

我們的友情值多少？

我曾經週末在咖啡館等待友人。當時有兩名二十多歲的女性，似乎買了友情戒指，在桌上打開盒子，一邊聊著天。由於她們的音量頗大，因此對話聽得一清二楚。

「我從很早以前就想要這個戒指了，所以我買這個戒指和你配了友情對戒，好開心唷。」

「這戒指是很漂亮啦，下次你不用費這種心思了。」

「你這人真是的，明明心裡很開心吧！我馬上就要生日了，想收到能搭配這個戒指的耳環作為禮物。」

「什麼？那很貴耶……。」

「你不是送給國中同學更貴的東西，我還比不上她嗎？」

「當然不是。」

「為什麼你對我就這麼吝嗇？太令人難過了，真是的。」

「……。」

聽著這段對話，我有些糊塗了，究竟是世代差異，還是最近朋友之間講話都這麼直白？不過我可以確定的是，「金錢在關係之中的影響力」正逐漸擴大。甚至在那些不必花錢的活動中，我們都能看見金錢對關係的直接影響。

當關係陷入僵局時，我們為了排解對方的情緒，難免會花費一些金錢，可能是用來為對方購買禮物、請對方吃飯或帶對方出遊，這些都需要花錢。其實，在開始建立這段關係時，我們可能就已經花了不少錢了。那麼，人們為什麼非得這樣花錢去迎合對方的心意？

因為這不但是為了維繫關係的花費，同時也是使我們心安的花費。所以有時我們甚至不惜浪擲千金。「是錢重要，還是心意重要？」這已經是屬於上一個世代的問題了。讓我們承認吧，金錢能收買人心，當然，人心也能換來金錢。這不是因為「金錢比心意重要」如此簡單的邏輯，而是因為金錢是表現自己心意的管道，也是一個重要的工具。

為對方花錢時，也要懂得保護自己

當自己在經濟上越是困難時，金錢對關係的影響越大。因此，在我們為關係付出金錢時，應當思考「那筆錢之於我的價值」，而非「表面的數字」。由於貨幣的價值會隨著時代改變，因此思考當下這筆錢對我有多大的價值，才是更重要的。假設這只友情戒指是一千五百元，對於手頭寬裕的朋友而言，也許只是一千五百元，但對於較窮的我而言，可能價值有如六千元。

每個人都有自己一套衡量金錢的標準，就像是每個人心中都有一套貨幣系統般。當我們面對金錢問題時，正確的做法是先以個人能力估算出「合適的消費額度」，再以此為標準去消費。唯有如此，才能避免為了經營關係的消費而造成自己日常生活的拮据。沒必要讓自己好意打造的友情戒指，最後卻成為關係的「燎原之火」，不是嗎？

還有一點要請大家注意的是，如果你的個性不擅長拒絕，或是容易在氣氛的催化下揮金如土，而事後後悔莫及的話，最好一開始就設定費用的「上限」，如「我不可以花超過一千五百元。」、「若超過三千元的話，我得好好考慮。」像這樣事先向對方宣告自己對消費額度的底線。如此一來，對方大多也會拿捏合適的分寸。

有時，你可能也會遇到這種會逼問對方的人：「你真小氣，在我身上連這點錢都不肯花嗎？」讓自己陷入難堪。

這時可別不知所措，摸摸鼻子走人，請理直氣壯地正面回應對方：「對我來說，這些錢已經代表很高的價值了。」

要是你都這麼說了，對方依然怒氣沖沖，或是不肯尊重你的標準，就別在金錢問題上和這種人糾纏不清。如果到目前為止，你都是辛辛苦苦存錢為這種人買禮物或贈送禮金，那麼之後請改成各付各的方式。

僅僅這種程度的改變，並不會使你們的關係惡化。但為了顧及對方顏面而讓自己難過的做法，反倒可能成為摧毀兩人關係的最後一根稻草。面對和自己的金錢觀天差地遠的人，和他們「在金錢問題上保持距離」才是最有利的選擇，至少還能守護這段關係。

婚喪喜慶費的問題，並不難解決

——金錢是關係的重要指標

關係越親近，花錢的分際必須越明確

我見過許多門診的患者，在職場上或日常生活中常因為金錢問題憂愁煩心。所以我想趁此機會，談談個人對於金錢的兩種哲學。

第一，維持個人生計重於道德倫理。我想說的是，如果你連家裡餬口的問題都解決不了，卻要求自己為公司無條件犧牲，你最好果斷辭職。因為生計問題，優先於其他所有條件。

有時，我們會看見有些人以各種道理、義務為名強迫他人的情形，或是煽動別

人的罪惡感、自責感以折磨他人。這些不過是虛有其表的道德迫害，也是藉著對方的心軟，巧妙壓榨對方的工具。實際上，只有為你的生計而擔心、而著想的舉動，才是真正的合乎道德。

第二，你最好依照關係的親疏遠近，擬定「具體的消費策略」。其實，不僅是在朋友、情侶之間，即使是在家人的關係中，金錢問題也是一個難以啟齒的話題。所以我建議，每次你遇上這種困擾時，應當按照親疏遠近來「量化」金錢的額度。可以的話，你最好以「定量」的方式，向對方說出確切的金額。只要事先達成這種協議，將可減少不必要的鬥智或情感上的損傷。最典型的案例，就屬婚喪喜慶費了。

最近，敏浩經歷了一件不合常理的事。在公司工作時，即使是交情不深的同事，也會在婚喪喜慶的時候為了聊表心意，和眾人像私下達成協議似地包給對方一千五百元左右的禮金。

「如果我和對方平常有交情的話，禮金當然會給到三千元，因為是公司同事啊。可是我和那個人的交情，就僅止於經過的時候打過幾次招呼而已。但我裝作不知道的話，又好像說不過去，所以當其他同事要包禮金的時候，我就一視同仁都給一千五百元。」

「可是那位同事覺得很失望嗎？」

「他說只收到一千五百元的禮金，感覺我瞧不起他，還提到了我的名字。我和他根本連一次酒都沒喝過。」

「看來他對你的態度特別不一樣呢。」

「不，才不是呢。明明沒什麼大不了的事，卻讓人心情糟透了。」

每個人對婚喪喜慶費的標準都不同

俗話說：「一場婚宴，看盡人情冷暖。」可見人們對婚喪喜慶有多麼敏感。為了避免發生像敏浩一樣出現各懷心思的情況，收禮金的一方和包禮金的一方，都必須設定好自己可以接受的標準，原因就在於此。我們來看以下幾個案例。

【案例1】

我才剛跳槽到新公司剛滿一個月，因為最近別組的同事要結婚了，四處發送喜帖。不過對方目前在公事上和我所屬的業務無關，除了他的名字和長相之外，我對他一無所知，這樣還得包禮金嗎？我也不知道以後會不會一起工作，還是要包一下比較好吧？我後來問過身邊的同事，大家都有不同的意見。

【案例2】

我參加一個同好會已經有十年了，最近有成員要結婚，大家決定集資包禮金。我原本想包三千元左右，卻被告知要一起包六千元，還說大家可不是一般的交情。

【案例3】

去年我有一位好友的孩子滿周歲，我送了一錢黃金的周歲戒指。可是今年我家孩子周歲時，他卻只包了一千五百元的禮金。我下意識地拿起計算機算起價差，瞬間內心五味雜陳，後來就不太和這個朋友聯絡了。

以上案例中的情況，我想每個人多少都曾經歷過。之所以會讓我們感到失落或者埋怨對方，重點並不在於自己付出的金錢，而是前面所說的，問題在於自己對於金錢沒有一定的準則，才會苦惱。因此，最好制定一個自己能夠接受的上限。

當人際關係牽扯上金錢問題時，總讓人想逃避，不過若我們願意直視現實，就會發現事實上其實是這樣的：我有自己用錢的標準，對方也有自己用錢的標準。認清對方和我一樣也有一道標準，將有助於自己向對方表達明確的態度。如果他包給我一千五百元的禮金，代表他認為我擁有同樣的價值。

談到這裡，你是否會心想：「還是他有難言之隱，才包這樣？」自己又在心中原諒了他。這種事情，只有當對方表明情況並請求你的諒解時，才需要考慮。你不必因為自己未能充分體諒對方，而為此自責。

心理因素和經濟因素，同等重要

除了為了婚喪喜慶和生日禮物所支付的金錢，平時和朋友見面時花費的金錢，也包含在維繫關係的費用裡。當你希望維持這段關係的情感越強烈，花費的金錢也會越多。換言之，當你感到維繫這段關係越困難，就會越想為此花錢。為什麼我們會這樣？

這是因為你深知對方和那筆金錢具有同等的價值，因此付出可觀的金錢也在所不惜。所以在你為了維持關係而花費金錢時，請再三思考和經濟因素同等重要的心理因素，自問：「他是值得我花這筆錢的人嗎？」

通常我們能夠就本能判斷，不過有時也會受氣氛感染而浪擲金錢，使得自己在之後的一週活在後悔之中。

但有一點我們可以依此得知：如果我吝於在他人身上花錢，那麼對方對我也是一樣的。如果我想成為讓對方不吝於在我身上花錢的對象，該怎麼做才好？答案就是提高自己的價值。自身的成長就像一個絕佳的磁鐵，能為我們吸引到更多有益的關係。

人心正是如此。對於我認為有價值的對象不惜重金，對於關係不明或感受不到價值的人則會錙銖必較。因此讓我們設定目標，成為讓別人不惜在我身上花錢的人吧。這必能成為自我成長的強大動機。

再回到原本的話題吧。我們為了維持關係所花費的金錢，其實並非都一去不回。你只要知道這筆費用能發揮多少價值，又是在何種目的下使用的，那麼這筆費用就花得值得。最大的問題，是你在「不知不覺中」悄悄消失的金錢，你甚至都不清楚那筆錢是不是被人偷了。無論如何，請你務必阻止自己總在不明情況下一點一滴流失金錢，以及被浪費的時間。

因此，我們必須精準掌握自己的需求，並且對此投入適當的金錢與時間。這才是真正的自我保護。即使你該給的都給了，該花的都花了，也必須清楚掌握現況，知道自己擁有什麼，並且還剩下多少。如此一來，即使你支付了可觀的費用，也不會感到委屈。

當我們越了解投資的價值、風險、機會成本、預期損益，當利潤太低或遭受損失時，越能降低對自己「心理的打擊與衝擊」。當然，損失總令人心痛，不可能沒有任何情緒波動。因此保護自己，其實需要相當大的勇氣與縝密的策略。不過只要我們徹底做好規劃，未來就再也不會因為相同的事件而承受壓力了。

你要迎合別人到什麼時候？

——在錯誤關係中一再循環的原因

我不是為了你而生的「避風港」

我們什麼時候會覺得吃虧？當然是自己遭受損失的時候。那麼什麼是「在關係中具體遭受損失的時候」呢？就是當彼此的關係從雙向交流轉變為單向付出，出現蒙受傷害的一方之時。因為雙向交流是關係的核心，也是守護這段關係的堤防。

我們和朋友的關係是這樣逐漸演變的：一開始，雙方會維持良好的交流，但是當某一方先嘗到了「甜頭」，就會開始偷偷按照自己的想法去做。因為他們在這段關係中領悟到，自己只要稍稍伸出手腳，朋友就會自動讓出空間。自從他們發現這個反應的那一刻起，就不再將朋友視為「必須維持雙向交流的對象」，而是「任憑自己可以放鬆、休息之處」。於是他們會越發大膽地要求自己所想要的，而沒有一絲罪惡感。但是別忘了這個事實：當我們開始將某人視為自己「避風港」的瞬間，對方也會有所察覺，並準備離我們而去。

當我們為對方付出感情，例如傾聽、同理、體諒、照顧……卻得不到回報的情況時，一般會以「單方面的付出」來界定這樣的關係。雖然你可能會心想：「要是對方肯說一句謝謝，那該有多好！」嘴上卻說：「就算這樣，我也不是非要得到什麼不可。」一邊暗自神傷。

儘管如此，我們仍不願相信這關係之中只有自己無止盡地付出，於是下一次會投入更多有形、無形的付出，以獲得對方的同感與關懷。

「你都吃這麼多虧了，怎麼還不醒？趕緊離開這個人吧。」

這就是為什麼身邊的人再怎麼苦勸，我們也聽不進耳裡的原因。

「他總有一天會改變的吧？如果我做得再好一些……。」一旦這種想法持續下去，這些「犧牲」將會從單純的付出轉變為投資。所謂投資，本就是以回收為目的，唯有回收該回收的部分，我們才能放下這段關係。所以，儘管我們多少已經意識到在這得失之間早已失衡，卻仍無法結束這段關係，依然持續與對方見面。直到最後，看清對方什麼也不肯付出的事實時，我們受傷的情緒才會真正爆發，自行宣告這段關係結束。

然而，事情可不能這麼結束，無論每段關係最後走向何種結局，最重要的是事後的檢討。我們必須花些時間認真思考，如果下次也處在相同的情況中，該如何自處。如果我們跳過這段該好好思考的時間，未來自己遇見下一個對象時，便無法避免相同的情況一再發生。

人際關係的問題，不會因對象改變而解決

正所謂江山易改，本性難移，我們在關係中建立的模式也是如此。這五年來接連遭到五位朋友狠狠背叛的敏貞，目前已處於斷絕一切深入的人際關係的情況。因為她無法信任對方，因此無論遇見任何人，交談的內容永遠只流於表面。

「看來你一直被朋友背叛，只是對象改變了而已呀。為什麼相同的問題會一直困擾著你呢？」

「醫生，我也無法理解。」

「我想，你建立關係的模式似乎已經定型了，趁此機會，我們來好好思考一下。就算對方已經深自反省，完全改過向善，如果你本身不肯改變，一個巴掌是拍不響的，最後結果還是會和之前一樣。」

「我只是……想為我所選擇的關係負責。」

「你所認為的責任是什麼呢？如果對方隨意對待你，而你也只是忍耐、諒解，那麼請試著從這個問題著手。所謂的朋友關係，絕對不會是單方面的犧牲或隱忍，這點你必須清楚。」

像敏貞一樣一直在錯誤的關係中重蹈覆轍的人並不少，希望這些人能藉此機會好好思考。你究竟要壓抑自己的感受配合對方到什麼時候呢？這太不值得了。

這些人大致可以區分為兩種類型。

第一種類型的人是除了「忍耐」以外，就不知道該如何建立或維繫關係。

他們用無止盡的隱忍勉強維持關係，甚至不需要去學會其他有助人際交流的新能力，就可以繼續維持關係。但是這種方式不是長久之計。隨著年齡的增長，我們的社交才能也應該不斷增加，例如學會幽默感、營造親密感、開發新的興趣等，領導能力也是其中之一。只要我們用心尋找，必能發現自己也具備某些「能力」。並將這項能力發展為優勢，積極運用於關係之中，才能避免「單方面隱忍的關係模式」一再發生。

第二種類型的人是因為不願見到衝突，而導致自己「再三隱忍怒火，但總在最後一刻爆發」的關係定型模式。

你是否也因為討厭衝突，而無法擺脫錯誤的關係？若是如此，就必須思考「健康的爭吵之道」。爭吵，有助於讓雙方卸下面具，赤裸裸呈現「原始的欲望」。你何必剝奪自己向對方表現真實需求的機會？如果是因為爭吵時，你總控制不住自己的憤怒，那太過情緒化確實會造成問題。不過為了發展健全的關係，我們仍然需要透過爭吵讓雙方宣洩彼此真實的想法。即使這個過程可能多少損及彼此的自尊，但是得到的收穫肯定更大。最大的收穫，就是彼此之間會慢慢開始懂得如何運用爭吵的技巧去做到真正的溝通。

你是吃虧反倒心安的人嗎？

其實之所以會出現壓榨他人和受人壓榨的定型化關係，最大的原因就在於有些人「習慣吃虧」。你可能覺得這聽起來有些奇怪，或許還會有人這麼問：「這個世界上哪有人喜歡吃虧？」其實這種人在我們身邊並不少，但他們總是擺脫不了吃虧的宿命。

這些人為什麼不能在損失擴大前結束這段關係呢？這是因為他們唯有多吃一點虧，才會感到心安。這才是造成問題的關鍵。

對於吃虧反倒心安的人而言，「損失」是他們獲得主導權、主體性所付出的代價。他們想藉由損失獲得維繫關係的正當性，並從中得到「內心的平衡」。他們認為，唯有低自尊或較自卑、弱勢的自己緊緊守住損失，才能與對方平起平坐。但是他們也是人，最終無法擺脫自私的天性與不願吃虧的本能。

當他們感到不滿時，內在的「超我」會開始傾盡全力，企圖打造一個「對吃虧麻木的我」。因此「超我」會時時引發人們的歉意、罪惡感，以阻止自己直接表現出「不願吃虧的心」，壓抑這種想法的浮現。

但最矛盾的是，當他們一再隱忍到了自己再也無法退讓的地步時，仍會決定結束這段關係。而懂得結束的人還算萬幸，問題在於那些不懂得放手的人。當最後損失的底線觸及他們個人的生命時，只能終日惶惶不安度日，甚至有時得面對生命的威脅。

遇到這類習慣隱忍自己損失的患者，我總會提出下列讓他們「正視自己內心的問題」。希望各位也就下面的問題捫心自問。

◆正視自己內心的問題

1.「我最討厭被人占便宜了，我絕不能吃一點虧。」聽到這句話，你有什麼感受，是正面的感覺，還是負面的感覺？

2.當你遇到那些自私自利的人，或者有人連一點虧都不肯吃的情況，你有什麼樣的想法？你會覺得他看起來很幼稚嗎？或者認為這種反應根本和動物沒兩樣？

3.當你看見那些堅持「我絕不能吃虧」的人，你會怎麼應付？你會想向對方曉以大義或和對方理論嗎？還是你會想向對方破口大罵，或忽視對方？

4.常言道：「人都是自私的，沒有人願意吃虧。」對於自己這種吃點虧也無所謂的心理，你覺得自在嗎？

擊退壞人的實際方法

——有助關係健全的五人法則

為什麼我會被傷害自己的人所吸引？

這一篇，我想繼續談談那些被他人壓榨而受傷的人。那些被自我主義者徹底傷害，決心結束這段關係的人，「下次」理應不該再認識那樣的人。這是我們都清楚的常識，但是問題就在於他們並非如此。矛盾的是，有許多人會再次對那些利用自己的人產生好感。如果你只對讓自己人生走向失敗的人充滿熱情，並且難以否認這個事實的話，請好好利用這個機會，認真思考箇中原因。

這種現象，的確與我們過去曾經渴望卻無法建立的某種關係有所關聯。請分辨清楚，你現在是習慣性複製或重複「自己過去建立關係時的失敗經驗」，還是刻意選擇那個「終將導致這段關係失敗的對方」，透過多次失敗的嘗試，以說服自己「你所想要的那種關係」根本就不存在？

儘管判斷這個問題的過程相當複雜，我們還是要堅定意志與信念，找出自己嚮往的關係類型。唯有如此，我們才能獲得有助自己建立健全關係的「自覺」，不讓關係一再朝著不健全的方向發展。面對老是剝削自己的人，讓你看透他們的貪婪，不再為那些習慣壓榨別人的人繼續奉獻，以及從不健全關係中逃脫。

扭轉有害關係的方法一：了解你現在的關係類型

從現在起，別再追求那些不健全且會令自己受傷的關係。以下兩種方法，將有助於你扭轉目前感到被壓榨的人際關係。

第一種方法是認清自己當前的關係類型。如果錯誤的關係總一再在你的人生中重演，就得認真檢視關係本身。因為人們所建立的關係也有其特性、偏好和慣性，請見以下舉例。

◆**關係類型1**

關係類型：「我只想和自己合得來的人往來。」

潛在風險：這可能加深你對少數人的執著與依賴。

◆**關係類型2**

關係類型：「我喜歡和各種不同的人交朋友。」

潛在風險：在交往不深的情況下，你可能難以建立真正親密的關係。

◆**關係類型3**

關係類型：「對我而言，比自己強大的人很有魅力，我只想和這樣的人在一起。」

潛在風險：你無法表達自己的心聲，最後可能自行終結這段關係。

◆關係類型4

關係類型：「我喜歡那些順從自己意見和照我意思去做的人。」

潛在風險：你的私心可能很重，最後可能會被對方拋棄。

透過上述說明，你是否已清楚掌握了自己現在的關係類型屬於哪一種？光是了解自己的關係類型，就能了解目前關係中的潛在風險，以及你至今錯過的其他種關係的可能性。

雖然我們看似每一次都會認識不同的新對象，實則不然。因為以你為中心建立的關係，其實都是相同的結構。這就是關係的奧祕。即使你下定決定，「這次一定要和新朋友建立全新的關係」，結果依然相同。慣性對於我們一生的影響是很巨大的，因為不良的習慣容易形成，而好習慣卻不易養成。要培養良好的習慣，我們必須投入大量的精力和時間。

雖然在我們與別人建立關係時，一旦努力的方向錯誤，就可能功虧一簣。但這時你不妨換個想法，「既然這次努力後我已知錯了，那也不必太執著」。唯有如此，你才能獲得下一次真正努力的機會和時間。

扭轉有害關係的方法二：善用五人法則

將目前對你有害的關係扭轉為健全關係的第二種方法，是讓自己多接近友善的人，也就是多和懂得體諒他人、關懷他人的人做朋友。當我們身旁逐漸出現這種人，你在關係中試圖迎合「自我主義者」的態度自然會弱化。只要你身邊出現五位這種人，就能確實為自己的人際關係帶來改變，這稱之為「五人法則」。

雖然想要改變自己長久以來逐漸僵化的關係，無法一蹴可幾。不過要是能一點一滴改變，終究不會是難事。

當下的你，一開始可能會感受不到那些善於體貼別人的人的魅力。這就像你習慣每天攝取添加大量味精的食物，讓你忽然換成吃口味較淡的有機蔬菜，可能會感到少了一些味道。不過，就如同「我們的身體感受得到吃進健康食物的好處」，最終你將會適應這樣的菜色。「我們的內心也感受得到這種良好關係的好處」，終將慢慢接受與喜愛那些對自己友善的人。

請你開始找找看，只要五個人就好。

實際上，我也曾經建議好友這麼做過。

「當你和友善的人相處久了，你會立刻感受到那些壓榨他人的人帶給自己的不便。就像你在暖房待久了，忽然接觸外面的空氣時，會覺得變冷了一樣。」

而且，五人法則不只適用於此。當你覺得參加太多聚會，和過多的人來往，導致你與任何人都無法建立緊密的連結時，這個五人法則也適用。無論你現在認識多少人，你只要努力和五個人維持深厚的關係，只要其中一人成為你真正的朋友，這項嘗試就算成功了。

就算會痛苦，也要相處過才知道

我們可能時時刻刻都會遇上想要欺騙自己、利用自己的人。要是生活中能不必遇見這些人，那該有多好，不過如果真的遇上了，也只能認命。至少，要讓這個人走進我的生命，還是跳過和這個人的關係？選擇權都在我手上。當然，這種決定並不容易。因為我們必須先分辨自己遇見的對象是哪一種人，然而一開始揣測對方的真心並不容易。所以我說，人與人之間還是要相處過才知道。

但是，請你不要因為害怕被騙而逃避人際交流。我們總得多加體驗，培養看人的眼光，熟悉建立關係的技巧，才能變得更成熟。

即使經歷了因自己看錯人而徒留傷害的過程，這也會成為自己與人生所需的養分。我們不必總是追求成功。被人背叛雖然令人難過、厭惡，卻也殺不死我們，那不過是極其微不足道的失敗而已。

也許我們一開始就不是朋友

——沒有背叛，只有誤解

朋友為什麼避開我，另開聊天群組？

最近，世琳被自己最信賴的朋友排擠了。世琳是個一旦對別人敞開心房，就會不計一切為對方付出的人。奇怪的是，如此懂得關懷別人的個性，最後總是落得悲慘的下場。

「我真的很相信對方，所以才對她掏心掏肺。沒想到她在我面前表現得處處為我著想，卻在背後和別的朋友另外開聊天群組來討論我、毀謗我。要不是那個群組裡的其他朋友給我看對話內容，我搞不好永遠都會被她蒙在鼓裡。」
「那個朋友為什麼那樣做呢？」
「我也不清楚。我們既沒吵過架，關係也都一直很好。」
「嗯，那你們聊天時會聊些什麼呢？」
「她說我是個不懂事，又沒有心機，很好相處的人。還說我身邊有不少不錯的上流社會的朋友，卻不肯介紹給她。啊！她曾對我說過一句最傷人的話，她說她想告訴我，這個世界是公平的，不然我們走著瞧！她就是那種當自己想要得到的東西得不到時越不肯罷休的人。」
「她這麼說，是因為她以為你擁有的比她更多呀。應該是她想要的某些東西，卻無法從你這裡得到，才導致她出現那樣的行為。」
「如果她是那麼想的，為什麼要在我面前表裡不一？」
「那是因為她不知道怎麼表達啊。」

直視問題，關係才能前進

世琳嘆了一口氣，低下了頭。單憑第一眼，我就知道她從小是在眾人的關愛中長大，因此有種難以言喻的、引人注日的氣質。起初，人們會對這樣的世琳產生好感，而想親近她，但是在自己的目的達成後，便開始與毫無心機、掏心掏肺的她保持距離。至於只知道「給予」，不懂得用其他方法維持人際關係的世琳，總是結交那些「達成目的後就一走了之的朋友」（也許有她的原因），倒是更嚴重的問題。

世琳的個性單純，又容易跟別人打成一片，往往立刻就會向對方敞開心房，對此，我建議她預備一段時間「仔細觀察對方」。當然，這只是治標不治本的處方，她必須從更寬廣的視角來找出符合自己的關係類型。

在社會上，豈止世琳如此？閱讀本書的各位，我想多少也有過被信賴的人所傷害的經驗。當自己被委屈的情緒擊倒、控制的時候，必定無暇全盤思考。所以，受傷後的人一開始會需要平復的時間。等到憤怒、委屈、怨恨等壓抑在內心的壓力稍微舒緩後，才有餘裕回顧自己在這段時間中與此人的關係，並正視曾經不願再面對的對方。從這點來看，目前的世琳仍深陷「情緒泥淖」中，無法自拔。

當傷痛隨著時間逐漸遠離、我們的情緒開始從劇烈趨於緩和時，正是審視這段關係的最佳時機。若是此時的自己無法振作起來，將會受到空虛、心灰意冷、無助、不明所以的自責與不安等情緒的控制。如此一來，激烈的情緒波動將再次湧來，使自己陷入萬劫不復的循環中。單憑想像，我們就能知道其中的艱難與痛苦。不過再怎麼痛苦，也必須面對。如果我們不願檢視過去的關係，便無法從情感關係的惡性循環中脫身。

關係的結束，無關對錯

當我們被信任的人背叛或深深傷害時，最先出現的反應通常是如此。

「你竟然背叛我，為什麼？為什麼要對我這樣？」

自己一邊重複著類似的問題，一邊捶胸頓足。其實這時候我們該做的，是停止研究對方這麼做的動機，而把重點放在漸行漸遠的「我和他」之間，並且換成以下的提問。

「究竟我們之間發生了什麼事？我們是否曾對彼此做了什麼？」試著從這裡尋找答案。唯有如此，才能避免胡亂歸咎責任。

「這都是你的錯！」

「這都是我不對！」

在關係中出現問題時，我們經常忙著怪罪別人或者怪罪自己。但胡亂歸咎責任，只會模糊關係的本質，無法看清兩人之所以深陷危機之中的背後原因。於是，相同的錯誤使我們只會一犯再犯。因為當時的自己已經得出結論，「都怪你」或「都怪我」，便無心在意更重要的事情。

如果我們迴避真正的原因，那麼「即使對象改變」，相同的悲劇仍舊會繼續上演。所以，我們別再胡亂怪罪他人或怪罪自己，客觀地站在兩人中間審視問題吧。唯有站在「我和他」之間，才能找出關係演變至此的真正原因。

實際站在自我和他人之間，亦可打破自己被信任的人背叛的想法。實際上，並不是對方背叛我，而是我按照自己的意思定義了「我們的關係」，這段關係建立在我的幻想中，事到如今我才從夢中醒來。總而言之，就我個人的猜想，或許世琳篤信的「深厚的友誼」，也許只是她單方面的想法，而非雙方都如此認定。

當彼此付出天差地遠時，怎麼辦？

——什麼是「雙向關係」？

我是對的，你是錯的

「這麼一想，那位前輩才沒有和我搞曖昧，是我自己單相思的錯覺罷了。」

貞閔最近剛結束一場單戀。對於不說一聲就離開的前輩，貞閔起初很不能諒解。後來她才意識到，是自己將前輩「小小的體貼」過度放大了。二十多歲的朱英，也向我訴說相同的困擾。

「我從國中開始，有一個非常喜歡的朋友。可是最近看他的ＳＮＳ⑥，受到了很大的打擊。在他的好友名單中，竟然沒有我的名字。」

無論對方是異性或同性，任何人或多或少都有過這樣的經驗。當我們發現，我為對方付出的心思，與對方為我付出的心思天差地遠時，那一瞬間便是自己要「面對現實」的時刻。

此時我們該如何是好？你可以閉上眼睛假裝不知道，也可以睜開眼面對現實。如果說這是自己一廂情願的錯覺，這個現實多麼令人難受呀。

更令人難過的是，我原本嚮往的對象就此消失的事實。而且，不僅是那個人離開了我而已，我過去夢寐以求的那段關係也不復存在了。換言之，當我發現彼此的付出天差地遠時，過去兩人的關係就像泡沫般破裂，變成未曾存在過的關係。其實坦白說，那只是你「現在」才發現過去的真相而已，這是多麼令人震撼的事實啊！「難道這一切都只是我的錯覺嗎？」這個想法不禁令人感到滿腹委屈和憤怒。

在關係的眾多特性中，有一項是「雙向性」。當我們說關係「存在」或「曾經存在」時，這前提必須是兩個人看待彼此的態度相當。就算比重不是剛好五比五，至少也得是六比四或七比三，才稱得上是雙向關係。

---

⑥ SNS，social network site，是指社群網站。

不過有時也會出現這樣的情況，我們以為對方對自己付出九成心力，實際上對方付出的只有一成。

在對方看來，不過是「因為你聯絡我，所以我回應你；因為我有時間，所以才約你見面」，而我們卻給這一絲希望過高的評價。如果是這種情況，你還能說是被對方背叛嗎？當然不行。對方沒有理由配合自己所營造的幻想和期待。

當然，我們也不必因為這樣而批評自己不自量力、沒有出息，甚至自我退縮。我們只要認清這樣的事實就夠了——「原來我也可能喜歡某個人到如此程度」。

每個人的內心都有不同的喜好，那既不是我的錯，也不是對方的錯。只要有這樣的覺悟就行。

我的心之所以會熱烈地奔向他或她，既不是對方所操控的，也不是因為我不爭氣。雖然我意識不到，但是在我深深的潛意識中，也許暗藏著自己之所以這麼做的原因。我們只要意識到這件事，就能從自我傷害或對他人的怨恨中解脫，而我們也將迎來這樣的未來，一個和未曾意識到的自己和平共處的未來。

其實我們很清楚自己和對方心靈的距離

「我們原本是彼此互敬互愛的關係，但即便如此，對方還是背叛了我。」或許有些人曾經感到這樣的委屈。若是如此，請問問自己以下的問題。「在對方背叛我之前（這是個人主觀的認定），也就是我被別人拋棄之前，我做了什麼？」

那麼，或許問題會脫離「對方為什麼那樣？」，轉向「我為什麼不知道呢？」、「為什麼我想假裝不知道呢？」、「我都沒發覺對方的異樣嗎？」等回到針對自己的問題。

那些宣稱自己被背叛的人到我的診所來接受心理治療時，經常出現類似的行為模式——一開始抱怨「我不知道他竟然會對我這麼做，為什麼這麼突然？」，最後的結論則是「其實我早就有預感了」。甚至有患者說，他一開始早看出這段關係必然走向單方面付出的徵兆。

令人不解的是，為什麼他們事先明明有那樣的「預感」，卻依然置之不理？這可能有各式各樣的原因，也可能歸結到同一個原因。這些人選擇了利用自己、欺騙自己的對象，並與他們建立起關係，但最主要的原因是什麼？那就是「我想要和『我所選擇』的對象維持關係的欲望」。遺憾的是，這種盲目的行為幾近無知。所以他們不惜忽視過去以來所有的徵兆、信號與預感。

他們那份期待維持關係的欲望，自始至終欺騙了自己。因為他們希望維持這段關係，也相信可以維持，於是以強迫的力道勉強抓住這段關係。最後在不得不面對現實的某一瞬間，自己也被迫接受失敗的結局。從某種意義上而言，可說是他們的算計以失敗告終。所以才會在關係結束時，說出這番話。「原本親密的關係被你破壞了，都怪你！」（要不是被你破壞了，我還可以繼續作夢的……。）

你的內心早已知道答案

「人和人相處，必然會產生糾紛，無論哪一段關係最後也可能變成單向關係。既然人際關係就是這樣，我何必每一次都考慮這麼多？」

如果有人這麼問我，我會這麼回答。

「哪怕只有一次也好，請跟著你自己的預感走吧。」

這個回答是希望他們深思內心的預感代表什麼，不安的情緒又代表什麼。因為這些答案只有自己能找到。其實我們都知道，當我們認同自己內心抗拒這段關係的預感時，就必然得調整和對方的關係，也知道我們越想抓緊這關係，就會越抗拒這個預感。

可是你知道嗎？當真正信任的人打算離我們而去時，不只他們握有放手的權利，已經有所預感的自己，也可以先放手。即使我們再怎麼掙扎，即將結束的關係終究會走向終點。雖然我們可能撕心裂肺，但是送走「自己終將要說再見的關係」，才合情合理。那還不如讓自己接受這個最關鍵的前提，才能盡快走出傷痛。

而且最重要的是，請保護自己避免「單方面承受傷痛」。如果不是你該承受的傷痛，就不要一而再，再而三攬在自己身上。這是為什麼我們不該忽視內心深處發出的信號的主因。

在「被討厭的勇氣」後，你該知道的事

──給自己再愛一次的勇氣

從社群互動，看出我們在朋友心中的地位

用韓文輸入代表社群網站的SNS三個字會出現表示眼睛的單字，或許我們可以說社群網站本身就具有眼睛、視覺的意義，所以在社群網站上交流的人們也更容易感到自卑、嫉妒與被剝奪感。這是因為在社群網站的空間中，正繽紛地展示著那些讓我們看起來更渺小的文章與照片。在如此赤裸裸的世界中，沒有什麼比「朋友的朋友」更能刺激我們的了。使用社群網站，讓我們一眼看盡朋友們的關係網絡，當然，也明確地呈現了我們在朋友心中的地位。

在臉書和ＩＧ設定的追蹤名單中，敏善一直特別關注一位朋友。

「我有一個很要好的朋友，我很想知道自己在她心中的地位置。如果她在其他朋友發文的留言很有誠意，可是在我的發文的留言很短，我就會覺得很難過。」

「遇到這種時候，你會告訴朋友自己鬱悶的心情嗎？」

「以前我會看看就算了，現在偶爾會說一下。」

「看來你在這段時間出現改變了呢。你本來不會說出來的，現在會說了。」

「是的。」

「你覺得是什麼原因造成自己改變呢？」

「因為我覺得那位朋友最近都把心思放在別人身上。」

「是異性朋友嗎？」

「不是，就是別的朋友而已。她說對方是在繪畫班上認識的朋友，最近和她很要好。」

「看來是因為她交了新朋友，所以你才會覺得不是滋味。」

「我從朋友的帳號連過去看那位新朋友的資料時，才知道對方是畢業自一流的大學，長得很漂亮，說話似乎也很得體。難怪我朋友會喜歡她。」

「你心裡一定很在意吧。」

「她每次都和那個朋友去不錯的餐廳吃飯，和我在一起的時候都不會這樣。」

敏善吐了好一陣子苦水，接著才起身離開。她之後和朋友吵了幾次架，最後決定給彼此一點時間。當然，這個冷靜期並不是由敏善提出來的，而是對方的提議。

像這樣，社群網站能準確且快速呈現我們的朋友正在關心的目標。當我們發現朋友眼中只有其他人、其他聚會，卻沒有自己的存在，那一刻心情難免會盪到谷底。

身體會老化，情感並不會老化

同性之間，也存在所謂的「曖昧」。它可能存在於閨密之間，也可能存在於還稱不上是朋友的陌生關係中。當我們看見對方關心的對象不是我，而是另有其人，甚至和那個人相處融洽，經常在留言中稱讚對方的時候，心裡總覺得不是滋味，就連自己也在不知不覺中查看起那個新朋友的社群網站。

「對啦，交朋友也是講究『門當戶對』的。她和那個朋友同樣是一流學校畢業，兩人說話一定很投機。我就好好在家裡忙家務吧。」

敏善開始變得意志消沉。可能有讀者已經發現，敏善不是十幾歲、二十幾歲的人了，而是即將邁入四十歲，三十多歲的女性。也許還會有讀者想問，她應該已經有丈夫和孩子了，為什麼還對朋友這麼執著？會說出這種話的人，其實是不了解真實的情況。

即使擁有家庭，每個人還是需要能「情感交流」的同儕與朋友。當身分轉換為妻子、母親的新角色後，自然會在現實生活和心理上與原本要好的朋友疏遠，也沒有多餘精力再認識可以情感交流的朋友。即使身體會變老，情感也並不會變老。六十多歲、七十多歲的老奶奶，依然會像少女一樣嫉妒、鬧脾氣，正是因為她們的嫉妒心、被剝奪感、想被愛的心，沒有隨著年齡老去。六、七十歲的老奶奶尚且如此，那麼年齡還在三十多歲的人，情緒的起伏就更像雲霄飛車了。

讓我們重新回到正題。敏善對眼前的情況所展現的態度相當平靜，不知是因為她總想正面、單純地處理任何事情的性格所致，還是因為她努力想要逃避。無論如何，在她身上的這段情緒起伏期似乎已經結束。敏善告訴我：「醫生，我沒事的。活到這把年紀，總該有被討厭的勇氣吧。這才是成熟，不是嗎？」說完這句話，她便起身離開。真的是這樣嗎？話已至此，該是時候讓我們談談「被討厭的勇氣」了。

別關上心房，給自己重新愛人的勇氣

從《被討厭的勇氣》這本書大受歡迎，並且提供許多人解決問題的線索來看，被人討厭確實是令我們難以忍受的情感。似乎只要擁有被討厭的勇氣，所有在關係中出現的問題都能迎刃而解。

但現實並非如此，如果我喜歡的人討厭我，我卻無動於衷，那還真是奇聞。任何人討厭我，我都不可能毫不在意。雖然被討厭會使我們難過，不過克服這些難過的方法，並不是要訓練自己經受得起更多的厭惡。所以別搞錯了，這句話雖然能替我們帶來暫時的安慰，用鎧甲包覆住傷痛，不過總有一天要面臨沉重的打擊。

在關係中，結束時彼此的感受才能代表一切。我們最後如何定義、總結這段情感，不僅會影響已經結束的舊關係，也會影響之後出現的新關係。這是因為經歷過上一段關係後，我們看待關係的標準已有所改變。如果我們抱著負面想法不放，一心充滿怨恨，不肯起身行動，即使之後好的緣分來臨，也只會裹足不前。反之，如果我們毅然結束上一段關係時，能懷著「好歹也曾經共度一段美好的時光，就這樣結束吧」的想法，那麼下次真正的好友出現時，自己才能敞開心房握住對方的手。從這點來看，下一段關係的開始，全繫於自己對上一段關係最終的感受。

因此，就算彼此沒有走到完美的結局，也別讓上一段關係以最糟糕的悲劇收尾。讓我們留下美好的回憶，別讓仇恨覆蓋回憶，並且尊重從過去到現在彼此好好相處的時光吧。唯有如此，我們付出的心思和時間才不會白費。

無論如何，對我們而言，最重要的還是找回自己重新愛人的勇氣。人際關係中需要的，不是被討厭的勇氣，而是即使自己曾受到傷害，即使經歷關係的風風雨雨，也能再次愛人的勇氣。讓我們重新檢視內心可接納情感的空間，以及上一段關係所留給自己的一切，無論那有多麼微小。當我們能夠守住這一份重新愛人的勇氣，並且使之茁壯，那麼無論過去自己是否經歷了破碎的感情，也有能力重建真正健全的關係，走進我們所期待的感情交流之境。

Chapter 3

有些人，
會利用身旁親近的人

「我們是一家人，所以你當然要幫我。」
你覺得這句話成立，還是不成立？

有些家人比外人更自私
——關於「接受」與「拒絕」

同個父母生，愛卻大不同

「我們是一家人，所以你當然要幫我。」

你覺得這句話成立還是不成立？以前或許你會覺得理所當然，但現在你必須知道這是不合理的。身為家人，最容易被責任與義務束縛，再加上整個社會眼光無所不在的監督。在近來的社會上，只有單純的盡孝似乎遠遠不夠，我們還得在意周遭人們的目光。

「我們不是你的家人嗎？」

這短短一句話，使得多少問題被挑起、被無視？因為是家人，所以我們必須給予更多關心和體諒，然而實際上有時候我們卻辦不到。不，是不肯做。為什麼呢？

別因為自己不能符合家人的期待，而陷入不必要的自責。當家人舉起「家人」的旗幟，毫無節制地對你提出要求時，我們必須立刻停下來思考：家人對我的要求是否實際可行，以及家庭成員為何對我施壓，又為什麼只針對我。若非如此，自己的人生只會繼續被徒有血緣關係的家人所剝削。

一個月後即將結婚的孝琳，正面臨一個難關。她說：「明明我們同是父母的孩子，卻有公主和婢女的差別。」對自己的處境相當悲觀。

孝琳有個小她一歲的妹妹孝貞。孝貞自小面貌姣好，在全家人的呵護下長大，相反地，孝琳受到的待遇卻是「可有可無」的存在。

「因為妹妹得到父母的支持，所以她可以做任何想做的事情。她不但去留學，也參加過選美，當出現值得託付終身的男人時，父母總是先介紹給妹妹，最後她也的確嫁了好丈夫。如果我出生在貧困的家庭裡，從小必須刻苦向學，也許還不會這麼委屈。但就連我的婚禮，家人的態度也是這樣……。」

孝琳最後禁不住哭了起來。結婚大事，是她出生之後，第一次自己完全成為主角的時刻。然而就連結婚的時程，也得看妹妹的情況，無法照預期舉行。原本是計畫讓孝琳先舉行婚禮，緊接著是妹妹的婚禮。但是妹妹的丈夫忽然接到派往歐洲分公司的命令，這讓孝琳的父母毫不猶豫地推遲了孝琳的婚禮。

「先以孝貞優先，你以後再辦就好。都已經是姐姐了，還這麼不懂事。」

家庭的幸福，不能建立在某人的犧牲上

之後事情如何發展，我並不清楚，不過我並不期待最後會有完美的結局。聽到這樣的故事，一般人會有什麼想法？或許會很驚訝，大呼「怎麼會有這種家庭？」然而現實生活中，還有不少家庭出現更嚴重的問題，那些人只是沒有告訴別人而已。家人之間的情感暴力不容小覷，特別是在有眾多子女的家中尤為嚴重。因為子女越多的家庭，越可能存在像孝琳一樣的「犧牲型子女」。在這種情況下，受到不公平對待的子女與其他兄弟姊妹間的矛盾將逐漸擴大，讓問題變得越來越複雜。雖

然當事人覺得委屈：「為什麼只有我要犧牲？」但是其他成員只是默許：「犧牲你一個人，大家都會好過一點」，對當事人造成極大的痛苦。

「你為什麼這麼自私啊？你稍微忍一下就好啦。」

「我又沒有要你犧牲，是你自己這麼覺得。不願意的話，你當初就說不願意就好啦。」

那些會強迫家人犧牲的人，大多用類似的話來攻擊對方。但是這種話不應該輕易說出口，尤其是曾經從犧牲者身上獲得任何一絲好處的人，更沒有資格說這種話。

如果閱讀本書的各位，有誰曾經為家庭犧牲到現在，那麼請好好回顧自己過去被拋棄的人生。因為一次的要求會變成兩次，再變成三次，最後演變為理所當然。而且自己犧牲也犧牲了，卻得不到任何一位家人的認同。更別說是被視為家族的榮耀，甚至得不到該有的安慰。

家人之間的犧牲大多如此，這比任何關係都更折磨人。因為犧牲者被最親的人徹底孤立，茫然看不見盡頭，只能繼續面對家人索求無度的要求。為什麼我們必須承受這種痛苦？所以現在得好好思考：為什麼家人只會把需要告訴自己，為什麼總強迫自己讓步，為什麼總要求自己犧牲？

是家人，更需要保持適度的距離

像孝琳家的情況，只有表面上是家人，然而家庭的功能卻處於故障的狀態。正如我們身體不適時需要休息，關係也是如此，出現問題時就需要暫歇。但有人可能會說「都是家人，我怎麼可能見死不救？」，比起這種勉為其難的態度，我們更應該選擇暫歇，以求未來更好地照顧家人。

此外，我們應該盡快擺脫這樣的刻板印象——「一家人要緊緊相依才代表關係好」。在真正的關係中，應明確區分「我」和「你」為兩個不同的人。意思是，不應該將「你我」放在「家人」的大框架下處理。真正的關係，不是將兩人或多數人簡化為單一個體。這種不顧每個人的感受與職責，也不管每個人是「獨立個體」的事實，只是虛假的關係。家人也是如此，在真正的關係中，不同個體的形象應該是更鮮明、更突顯的。

「你有看過星星疊在一起嗎？每一顆星星都保持一定的距離吧？即使星光和星光之間也有距離，這是為了讓每一顆星星盡可能綻放光芒。家人之間保持這種距離、區別彼此的關係，也很重要。」

這是我給孝琳的建議。我相信星光美麗的原因，是因為「星星與星星之間的距離」，而非星星本身。我也相信這個距離不僅能使「每一顆星星獨立存在」，更使星光之間不會互相遮蔽，得以完全綻放光芒。關係也是如此。因此，別再用「我們是家人」做為藉口，並主張「你的東西就是我的，我的東西就是你的」。如果繼續如此，任何人都將無法在人生中綻放光芒。

既然家人關係無法斷絕，過自己想過的生活也無妨

父母和子女本非彼此選擇，或者可以說斷就斷的關係。

「因為無法斷絕，所以才無可奈何，我只能被迫接受不是嗎？」

不是的，並非如此。正因為無法斷絕，所以你不接受也無妨，拒絕也可以。懂得拒絕才是最重要的。只要你能明確掌握這個事實，就能為家人的關係帶來改變。說白了，就是希望各位不必擔心家人關係未來可能會因此斷絕。

過去你難以開口拒絕，是因為擔心關係中出現裂痕或被家人拋棄。但是，只要

你意識到與家人之間的關係既不可能斷絕，自己也不可能被拋棄的事實，就能得出這樣的結論：父母與子女間的強迫行為，並非無可奈何的問題。

每段家庭關係都有改變的希望，只是我們需要承受挫折的能力。這裡的挫折，指的是自己與父母的分離與獨立，也就是放棄依賴，而非斷絕關係。當你努力脫離與家人過度緊密的關係，在此過程中經歷的衝突與磨合，終將成為恢復健全關係的契機。因此，別因為你現在行使拒絕權造成家人的失望，而對此感到挫折或自責，這是為了營造健全的關係所必須經歷的挫折。

從現在起，關閉奉獻模式

——即使犧牲，也有「有效期限」

沒有人比自己更珍貴

「因為是家人，我理所當然要照顧。」

當有患者在門診中實際提到這個議題時，我總會丟出以下問題。

「你要照顧到什麼時候？」

我想問的，是犧牲的最終期限。通常十個人當中，有九個人用不知所措的表情盯著我看，或許是因為對方第一次被這麼問吧。

你幫助家人度過難關的心意固然好，但是否有必要犧牲到讓自己人生停滯或倒退？如果非得如此，你心裡才會好過一些，繼續那麼做也無妨。不過要是你一開始抱著那種想法而犧牲，越到後來越覺得負擔，那麼最好把自己能夠奉獻的期限與犧牲的程度明確告訴家人。換言之，請將自己的奉獻模式調整為ＯＦＦ。

「只要把這個債還完，我就再也不用給家裡生活費了。」

「我們一起住到今年為止，明年三月我會搬出去自立門戶。在那之前，我會盡我所能。」

「我明年打算讀研究所。想要找到下一份工作，就一定要讀研究所，所以我不能再為你們犧牲了。」

現在起，請明確告訴家人自己將以個人需求為優先，並告知犧牲的期限。這時候家人願不願意接受，讓他們自己想辦法。若非如此，ＯＦＦ模式一秒內又會轉變為ＯＮ模式，那時你將會走上更辛苦的道路。

「你不要扛下對方本該負責的本分。就算你扛下對方的本分，情況也不會有所改變。」

這是我對一位門診患者說過的話，這位患者曾經鼓起勇氣拒絕家人，之後卻又妥協。

在與家人的關係中，我們為了守護自己擁有的一切，必須付出比預期更多的努力。有時為了一些瑣碎的事情，甚至得賠上自己的尊嚴。家庭問題的困難之處，在於自己明明犧牲了許多，卻得不到相應的回報，而這份委屈又不能輕易告訴別人。因此，我們更要懂得聰明使用自己的「拒絕權」。

別讓自己成為「心痛卻不知道痛」的人

越是發生在家人之間的問題，越需要你果斷應對。我之所以再三強調這個原則，有以下兩個原因。

第一，你虧欠自己的部分，有天終會反撲。為了滿足家人的需求而長久忽視自己的需求，最終必將出現問題。總有一天，被壓抑的欲望將會要求你做出回應，並要求你償還過去累積的欲望。如果這時你依然忽視內在的聲音，無力感、倦怠症、憂鬱症等疾病將找上門來，甚至可能導致日常生活變得困難。

有句話說：「不經一事，不長一智。」如果你從沒有順從自己的欲望活過，怎麼會知道如何處理內在的欲望和自我管理？這確實不容易，為家人努力的人生固然珍貴，但順從自己欲望的人生也同樣珍貴。

第二，越是為家人犧牲奉獻的人，越可能活成對別人過度親切、過度體貼的「服務生」。因為犧牲程度越大的人，也會對其他人付出同等的犧牲，他才會感到心安。這種人在外付出的對象如果是好人，或許還能得到在家中得不到的認同與關心，萬一對方不是好人呢？如果遇見了把你的奉獻視為理所當然，並且樂在其中的人，那麼你的人生究竟會變成什麼樣？我想，那將會是失去痛覺的人生。

痛覺是感受痛苦的知覺。一旦你喪失痛覺，即使內心疼痛，也感受不到痛覺。這些人在家為家人犧牲，出外為他人奉獻，全天二十四小時不休地為別人提供服務。照理說，人生中要有另一種可供比對的情況，我們才能感受到心中的痛楚。如果自己全天二十四小時都處在相同的狀態下，無暇顧及更好的生活，那麼這種生活只能說是「得過且過」。

門診中最難治療的患者，是「心痛卻不知道痛」的人。「知道自己心痛」看似沒什麼了不起，問題是我們總要對某人付出大量的時間與努力後，才懂得心痛。

因此，為避免自己陷入這種困境，當我們偵測到危險的信號時，請立刻按下

「停止鈕」，別再一心為「他人」奉獻，把目光轉向「自己」吧。就算你這麼做，家人的生活也不會因此崩潰，我們所想像的重大悲劇也不會發生。

最後，如果有人問我：「家人到底是什麼樣的存在？」我會回答：「那是父親揹著父親的擔子，母親揹著母親的擔子，兄弟姊妹揹著他們自己的擔子，而我揹著我自己的擔子，一起走在同一條路上的關係。」讓每個人揹起本就屬於自己本分的擔子，這是家庭真正的意義，也是邁向家庭和睦最優先的條件。

好好想一想

越是家人，越需要刻意的關心

如果經常關心自己、和自己交往密切的朋友，某天忽然對自己態度「冷漠」，我們會有什麼感覺？那就像昨天還活得好好的人，今天忽然變成一副冷冰冰的屍體一樣吧？遇到這種情況會令我們感到陌生、不安、恐懼，並由衷地討厭。

在與家人的關係中，以下情況常會帶給我們極大的衝擊，例如母親變得跟平常不一樣、姊姊不像年少時的姊姊、自己忽然對丈夫感到陌生、妻子忽然變了個人等。

對於這種關係中的衝擊，我們無法用單一的答案來涵蓋各種可能的解釋。儘管如此，我仍希望各位先接受這個事實，那就是自己對別人的感受已經出現改變，並且對過去的關係有了新的認知。

我們常說，每一天的生活都脫離不了關係。不過在實際生活中，我們並沒有時時刻刻感受到關係的改變。這是因為我們關注的對象永遠是自己，也為自己付出最多，如此一來，便沒有太多心思關心別人。尤其對於自己每天越容易見到的人，會越不關心，總要等到好一陣子後，自己才會發現對方的改變，還反問對方：「我怎麼都不知道你發生這種事？」

舉例而言，察覺兒子近期出現異樣的母親，問兒子：「你最近是不是有什麼事？」兒子只是回答：「沒有，沒什麼。」可能要到母親打破砂鍋問到底，才能問出重要的訊息。可是更多時候，當我們發現家人改變時，他們的改變並非因為「最近的事」，而是許久前就已累積下來的問題。由此可見，我們通常不易察覺對方經歷過什麼樣的事，這件事又在對方心中掀起多大的漣漪。因此在我們知道之後，總會問對方：「你怎麼不早點說？」事實上，如果對方不告訴我，我當然無從得知。

或許有人會問：「那你為什麼不早點問對方？」是的，提問是刻意靠近對方，試圖與對方營造親密關係的開始。不過有時在我們想與對方保持適度距離的狀態下，想透過提問與對方拉近關係，這是說不通的。有些鄉下的大老粗尤其如此，他們個性本就木訥寡言，雖然內心渴望親密感，卻不懂得如何與人親近，不擅長與人營造親密關係。

當我們想要與人建立關係，最好的開始是「提問」，就像孩子總有許多問題。「媽媽、媽媽，這個是什麼？你看看這個，這個是什麼？」

對於第一次看見的事物、第一次看見的人，孩子們總充滿好奇。不僅覺得神奇，也很積極回應。他們永遠敞開心房，做好與人建立關係的準備。然而隨著年紀增長，人們逐漸忘了如何提問，也迷失了走向關係的路。由於這條路廢棄已久，路上布滿荊棘與雜草。於是我們開始沉溺在自己的世界中，對他人的關心逐漸減少，也讓關係的連結就此中斷。但我們總得先伸出手，才能握住對方吧。

彼此關係的起點，是發自內心的提問。在我們向他人提問之前，首要任務是睜開眼觀察，觀察後，才會心生好奇，接著走向對方，試圖了解對方。當兩人之間的距離逐漸靠近，再加上時間的催化，關係才能達到恰到好處的境界。

世上沒有童話般的友誼
——破除對兒時死黨的幻想

今天我和多年好友絕交了

我的診所就在許多上班族出沒的地方，因此患者年齡層大多在三十、四十歲左右。不知何時開始，他們常提到一個話題，那就是「老朋友」。有人稱之為「摯友」，有人稱之為「閨密」，也有人稱之為「死黨」。

「不久前，我和十四年的好友絕交了。」

「認識十年的閨密說要和我絕交。」

一開始大多是如此提起，接下來就是這句話。

「可是我真的不知道，他為什麼要和我絕交。」

為什麼呢？事情怎麼會演變成這樣？送走老朋友的原因，都不是什麼了不起的事。既不是因為自己收不回借出去的錢，也不是因為朋友搶走了我的情人，而是由於微不足道的小事如初冬細雪般不斷地堆積，最後壓垮了屋頂。

「我真的不知道那個朋友為什麼要和我絕交，有點不可理喻。」

三十多歲的上班族美賢一下生氣，一下嘆氣，一下眼眶泛淚，我能感受到她的茫然無助。

「你們之間有發生過什麼特別的事嗎？那在對方和你絕交之前，你們聊過哪些話題？」

「這個嘛，就……平常聊的那些。」

「例如說？」

「就是在公司工作很累、年薪沒有調漲、部長很奇怪，差不多那些話題呀。」

「那位朋友怎麼回答？」

「她就跟平常一樣，靜靜地把我的話聽完。所以我每次覺得難過的時候，都會約朋友出來見面。然後上次這個朋友說，要是她的年薪有我的一半就好了，結果我這樣回答。」

「回答什麼？」

「我說：『誰跟你一樣？』」

此一時，彼一時

即使你們十幾二十歲的時候明明是好朋友，但現在可能就不是了。年少時的環境、煩惱、目標，甚至周遭朋友都差不多，而現在一切都不同了，不僅彼此經歷不同，認識的人不同，煩惱不同，社會地位也不同。

「我家孩子這次在學校啊……。」

「夠了，不要再講孩子的事了。你知道我這次在公司發生什麼事嗎？」

由此可看出，彼此關心的話題沒有交集。

「這次休假，我打算去夏威夷休息一週再回來。泳裝什麼的全部都要重新買，一起去百貨公司吧。」

「不行……休息一天，我的客人就會減少。」

即使我們不想承認，也不得不接受。彼此再也沒辦法在一起，再也沒有共鳴，我和你過著完全不同的人生。我們再回到美賢的案例。

「誰跟你一樣？」

讓美賢朋友改變心意的致命一擊，應該就是這句話了。其實也不能光怪這句話，美賢也許只是隨口說出從十幾歲時到現在常說的話而已，或者至少一直是用這種態度對待朋友的。

但她年輕時說那句話可能沒問題，又或者朋友刻意遷就她。當時聽到那句話的朋友，可能告訴自己：「因為我們很要好，相處很自在，所以美賢才會說出那種話吧？」試圖將那句話合理化。但是現在不一樣了。我們周遭的一切發生了改變，置身其中的自己也會變得不同，再也沒辦法像過去那樣遷就對方。所以那天和美賢絕交的朋友口中，才會勉強對美賢擠出這句無情的話吧。

「我現在對你那句話很反感。」

認識太久，不了解關係也會變化

曾有人說過：「關係也有生老病死。」人生在世，新的關係會不斷形成，舊的關係自然也會消失，只是我們沒有徹底認知到這個事實罷了。

「你的能耐不就那樣嘛，做什麼白日夢啊？」

「欸，你沒事做吧？來載我一下。」

朋友之間常說的口頭禪、熟悉的舉動，某天可能化作一把刀，深深插在對方胸口上。當自己不曾意識到的憤怒逐漸高漲，最後爆發的瞬間，心中可能忽然冒出這樣的想法：「原來，你根本不是我的好朋友。」

一旦這種殘酷的結論占據心頭，我們將會陷入空虛之中，「原來沒有人在我身邊，不，是一開始就沒有人關心過我。」經此一事後，若能以平常心結束這段關係，還算萬幸。問題就在於你認定對方再也不是我的好友後，仍無法放棄這段關係。

「我們在一起都幾年了……。」

「能夠一起分享童年回憶的，除了她沒有別人了，我要怎麼結束？」

「只有那個朋友和我認識最久。如果不繼續跟她在一起，我就沒有閨密了。」

出於各種原因，讓我們難以割捨這段友誼。再加上如果對方還對我有所期待，關係就更難結束了。

「那個朋友還這麼需要我，而我和他在一起的回憶也不是多糟糕……就繼續讓他留在我身邊吧？」

於是，這些人帶著「朋友還需要我」的些許優越感，開始思考自己該不該回到過去的關係。

還懷著對兒時死黨的幻想

結交多年的老朋友就像自己長久養成的習慣。要改掉或戒掉舊習慣，當然需要極大的力量。

「今天我太傷心了，打電話給朋友吐個苦水吧？啊，對了，我們已經絕交了……。」

當你下意識拿起電話想打給朋友，卻又不得不放下話筒時，就能了解改變習慣是令人如此不安又痛苦，惋惜又思念，五味雜陳。「既然這麼痛苦，為什麼我非得和朋友絕交不可？」、「過去十年都這麼過來了，就照彼此原本的模式繼續交往不行嗎？」那也行，那是你的選擇。也許你們有過爭吵的時候，但是因為有那位朋友在身旁，讓你度過更多快樂的時光。又或者你只想像過去那樣，繼續容忍下去就好。

但是我並不看好那樣的關係，虛有其表而沒有內容的關係，隨時有可能龜裂、破滅、粉碎。不是說彼此認識好長一段時間，或者擁有許多共同回憶，就一定是朋友，這也不是真正的關係。唯有彼此尊重，和對方建立「我和你」的關係，而不是「我和它」的關係，才是真正的人與人的關係。

畢竟，我們不可能將所有關係都攬在身上。對於那些長久以來願意保護我、拯救我的良好關係，必須繼續維持；而那些使我難過、猶豫、喪失自尊的關係，最好盡快結束。為了讓下一個人走進我的人際關係裡，我們必須先去清除惡緣，為自己騰出空間來。

就像管仲、鮑叔牙那樣命中注定、交情深厚的老友，在現實中並不常見。所有關係都是我們所選擇與決定的結果。坦白說，朋友也是一種選擇。我們必須有這樣的認知：朋友是可以經過見面和相處之後，再由自己來決定的。

如何放下對兒時死黨的依戀？

被好友告知絕交的美賢，消沉了好一陣子，也因此多次來門診接受諮商。

「為什麼我會這麼難過？我真的不知道該怎麼做才好。每天都想和那個朋友聯絡，但是轉念一想，又覺得我何必要為他放下自尊到這種程度。好難理解自己的這種心情。」

我們曾是單純、溫和的十多歲孩子，走過了二十多歲、三十多歲的歲月，也接觸到許多人，參加過許多聚會。而隨著經驗一起成長的，還有個人的主張和堅持。於是，我們開始毫不掩飾地表達個人的想法或情感，也從這時開始，我們和「老朋友」之間產生了隔閡，心裡因而出現了微妙的、不自在的感覺：「這個人不是我以前認識的朋友」。更直接一點的人，可能還會這麼告訴朋友。

「我喜歡過去的你，那個曾經天真無邪的你。」

人們通常難以接受認識許久的朋友出現改變，他們不樂見熟悉的朋友身上出現「陌生的氣味」。如果朋友蛻變的模樣，或者正在改變的模樣令你不安，又或者你不願放下這種不安去認同朋友的改變，那麼請好好思考這些問題：「我能否接受朋友現在的模樣？又是否正試圖接受？」如果你的結論是無法接受，卻又繼續抓著對方不放，這說明你只是個人欲望作祟。因為那個已經改變的朋友，不可能回到過去的模樣。

要求朋友回到過去的「我」和已經蛻變後的「朋友」，兩人之間的衝突將對彼此造成超乎預期的傷害。而在這場對抗中，贏家永遠是朋友。當過去不曾如此的朋友開始表達自己的聲音時，代表他已經擁有某個支持他發出聲音的「所屬團體」了。換言之，朋友不是非得待在你身邊不可。因此，單憑彼此認識、往來許久的理由，或者自己過去覺得很開心，便隨意要求朋友改變，請你將這種想法通通拋下。同時回想過去，自己是否曾經為了達成某個欲望或需求，在不知不覺中踩過朋友的底線。唯有如此，我們才能真正送走當下，迎接未來。直到某天，你欣然接受了朋友改變後的模樣，並且真心為正在蛻變的朋友加油打氣時，那時候你們才能一起走下去。

好友的成功，令我不自在

——妥善處理嫉妒的破壞本能

成功會招人嫉妒，眼淚則讓人看輕

如果你還在找工作，而朋友們卻已經進大企業工作，那會是什麼景象？試想在大學同學會上碰面時，朋友們大概會哭訴職場生活太辛苦，抱怨「公司抽走太多稅金，有夠氣人」，或是皺著眉頭說「我最近在煩惱要買哪一款車」。看似抱怨，實則炫耀自己。

「為什麼沒有我說話的餘地？」

朋友們的成功，最終成為你內心嫉妒的火種。

「成功會招人嫉妒，眼淚則讓人看輕」是曾經在韓國紅極一時的流行語，赤裸裸地道出了這樣的事實：當曾經和我在同一個位階上的朋友，比我早往上爬的那一刻起，他就成了敵人。

有句諺語說：「吃不到葡萄，說葡萄酸。」精神分析學家克萊恩（Melanie Klein）特別關注到人類情感中的羨慕、嫉妒，並在精神分析領域中特地將「嫉羨（envy）」獨立拿出來研究，這是因為她觀察到了嫉羨的破壞力。當我們發現某人擁有自己無法擁有的東西時，如果不能成熟處理此時心中逐漸浮現的情感，這個情感將使人徹底感到痛苦，終將對關係造成嚴重的破壞。

然而問題就在於這股破壞力不只向著對方，也向著自己。所以對於羨慕、嫉妒等類型的情感，人們不僅感到手足無措，甚至不願意面對。能逃避「嫉羨」的情緒的話，總是盡可能想要逃避。如果我們不想那樣，最好的辦法是盡可能不介入競爭，避免人多的地方。因此，有些人會逃到只有自己的無人島，在那裡打造一座名為「獨立空間」的堡壘，宣稱這樣的牛活是「很有個性」。

其實，「羨慕」這個情感本身並不是壞事，我們甚至可以視為正向的情感。這是因為羨慕源自於一個人想要繼續成長，想要變得更好的欲望。正如字面上所言，這也是一個人活著的證明。問題在於我們面對這種情感時的心態。如果我們無法接納這種情感，並且適時運用這種情感，那麼羨慕的情感不僅會傷害他人所擁有的一切，甚至傷害他人，乃至於傷害自己。

三十歲後成長的人，和停在三十歲的人

多數人在三十歲以前，會憑著一股幹勁打拚出一些成就。這個成就可能是職場上或經歷上的，也可能是戀愛或婚姻。問題是在三十歲以後，每個人的人生道路會開始出現分歧，有些人在三十歲後會進入停滯期，不再成長；有些人會站在過去累積的基礎上，持續成長。

當然，三十歲不是人生最後一場競賽，我們還有下一次的機會。但是人生的「第一場競賽」對我們而言具有一定的意義，所以也很特別。曾經朝夕相處的朋友和我，兩人的人生迎來了第一次的分歧，想必雙方的心情都會受到影響。如果自己是持續成長的一方或許無妨，但是原地踏步的一方將承受前所未有的痛苦。

「即使我畢業自更好的學校，曾進過更好的公司，比朋友發展得更好，但是那又怎樣？」如果原地踏步的一方是因為生兒育女或其他原因，不得不辭去工作的話，他們的內心肯定五味雜陳，夜不成寐。就像美昭的情況一樣，每次看見朋友積極活躍在社會上的模樣，她內心便湧現一股「莫名的焦躁」。

「我和國中朋友十五年來都有定期聚會。畢業後，我們分別進入人文高中、藝術高中和專科學校，各自走上了不同的道路。我從人文高中畢業後，又從首爾的一間女子大學取得學位，比朋友們都早開始工作，也最早結婚。」

「朋友們肯定都很羨慕你。」

「我可能一開始運氣好，工作做得有聲有色的，嫁得也不錯。」

「那麼問題在哪裡呢？」

「我也不知道我怎麼會有這種想法，最近很不想參加聚會。走藝術領域的朋友住在濟州島，聽說最近出了書。讀專科學校的朋友上了地方大學，五年來咬牙苦讀，最後考上了稅務士。」

「朋友們的發展都不錯呢。」

「坦白說，我沒想到他們會發展得那麼好。我以為他們不過就那樣，沒想到除了我，其他人都好像有一番成就了，而我只是待在家裡。」

「和別人相比，你當然會覺得難過。這是很自然的情感。」

「更重要的是，他們經常會更新社群網站上的內容。我總是在懷念過去，而朋友們的發文卻是現在光鮮亮麗的生活。他們已經不是我曾經認識的人。」

「朋友們肯定也很羨慕你，只是他們已經習慣羨慕你了。而你不一樣。一直以來，你都是『眾人羨慕的對象』，現在卻站在了羨慕朋友的立場。因為你是第一次處於這種立場上，看來還需要一段時間適應呢。」

承認「羨慕」的感受，才能看見內心欲望

美昭說，滑朋友的臉書總令她緊張萬分。她在點進朋友的臉書前，原本心想「應該沒有什麼好看的吧」，不料越看心情越差。她還想安慰自己：「至少我嫁了好老公，過著幸福的生活」，但是看著朋友出沒在五光十色的地方，身旁站著各式各

樣的人物，又不得不認可朋友現在的發展。當關係走到這種情況，會使得雙方都心力交瘁。停止成長的一方不願看到朋友過得有聲有色，心裡覺得不是滋味，而持續成長的一方得看朋友的臉色，也不得好過。我們該怎麼辦才好？

首先，美昭必須和社群網站保持距離，直到她能接受朋友的變化至少五成左右為止。人們總是需要時間面對壓力和接受壓力吧？她接下來的任務，便是承認「羨慕」這個感受。唯有如此，我們才能看見自己真正想要的，以及現在自己所擁有的一切。

雖然這並不容易，不過只要承認自己心中羨慕的感受，並做好面對這個感受的準備，我們的生活就能更加幸福。既然我們逃避不了羨慕的感受襲來，不妨大聲對朋友說「我羨慕死你了」。並非說出這句話的人，就是失敗的一方。能夠這樣正視自己的情感的人，很了不起。一開始你或許會覺得害羞，不過這沒有關係。當對方擁有我們所想要的東西時，當然會影響自己的情緒，但重要的是接下來我們自己的行動。只要承認羨慕的感受，我們將可看見自己在羨慕的情感深淵中真正渴望的東西，並且發現隱藏在內心深處的欲望。

我告訴美昭，她對朋友的社會成就極其敏感的原因，也許可能來自於她個人對社會生活的熱切渴望。她的兩個朋友依然單身，如果從這點來看，已婚的美昭或許可以說成就更高。這麼說吧，這個令人討厭的羨慕感就像一片濃密的叢林，當我們耐心地穿越過這片叢林，最後等待我們的將是坦率面對自我欲望與需求的道路。只要能洞悉這個道理，就能讓我們慌亂的心安定下來。

超越羨慕與嫉妒，建立我的小宇宙

人際關係真的不容易處理。所謂的關係，本就不盡如人意。不過你也別為了維持那些不盡如人意的關係，犧牲自己過多的時間和精力，那樣只是失去目的和目標的關係強迫症。

更重要的是，如果你目前正被嫉妒的感受所包圍，不斷消耗自己，我希望你立刻把重心放回自己身上，而不是繼續陷入兩人的關係中。人心大多如此，如果我生活富裕且一帆風順，那麼朋友無論去了哪裡，在社群網站上炫耀了什麼，我都不會放在心上。

所以別再因為互相比較而傷心，請集中精力在強化自己的才能，並且讓這個才能展現出成果來。請你留點時間給自己，無論是去文化中心參加料理教室，或是去圖書館讀本小說，只要努力維持一年，就會成為自己的才能。我將這種行為命名為「建立我的小宇宙」。

內心有小宇宙的人，自我（Ego）是富足的。當你擁有他人無法比擬的能力，等於獲得了不受他人影響的特權。雖然這看似無足輕重，不過「我擁有別人所沒有的事物」，這個想法將會對關係帶來巨大的影響。

如果嫉妒的情感正深深影響你的生活，甚至使你喪失自尊的話，這個時候正是你建立內心小宇宙的最佳時機。插花也好，畫圖或運動也不錯。無論你選擇了什麼，這個小宇宙都能幫助你穩定因關係而引發的喜怒無常的情緒。更重要的是，小宇宙還能為你的人際關係提供這樣絕佳的效果：當離開你的人重新回到你身邊時，自己的情緒不至於受到對方太大的影響。

因為你對我好，就得忍受你的壞脾氣？

——關於情感的債務關係

遇到把我當沙包出氣的上司

不久前，明勳向工作十年的公司申請一年的休假。這是因為明勳的組長情緒嚴重失調，常帶給明勳沉重的壓力。雖說如此，這位組長一直以來也用盡了各種辦法幫助明勳成為正職，平時也和明勳非常要好。看似常見的職場壓力，其實明勳的案例有些不同。

「你想要休息一年不上班嗎？」

「是的，公司有給資深員工特休。」

「那讓你心力交瘁的那位上司，知道這個問題嗎？」

「他可能不知道我是因為他才休假的，再說我也不是向公司辭職。」

「原來如此，你說你們很要好？」

「是的，他也是我的直屬前輩，對我很好，常說心裡只有我這個小弟。但是他一發起脾氣來，我很難招架得住。」

「實際情況是怎樣呢？」

「當他一生氣，一定會發火到他氣消為止。而且不管是平日還是週末，我隨時都要立刻回覆他的訊息，如果沒有回，他就立刻打電話來。當我掛掉電話後，一分鐘內他可能又會再打來，就這樣電話往來好幾次。每次組長在電話那頭大聲咆哮的時候，我都覺得自己全身細胞好像死光了。」

「任誰看來這都是很有問題的行為呢。得好好處理才行。」

「沒辦法，我也得到他不少好處。每次他發完脾氣，又會對我好得不得了，最後事情總不了了之。我覺得身體已經有些不受控制了，一有壓力，胃腸就會絞痛，過去三年來都得隨身帶著胃腸藥。有時我心想，有必要迎合他的心情到搞壞自己的身體嗎？有時我又想，其他人的職場生活也是這樣過來的，難道只有我特別難搞嗎？我現在滿心期盼的，就是至少脫離這樣的生活一年。」

「就算這樣，你總得採取什麼行動吧？就算你現在遠離公司了，覺得沒關係，但是最後還是要回到公司吧。那麼同樣的情況依然會繼續發生。」

「我也知道，我知道這樣下去不是辦法。」

有些人過分親切是有原因的

我們從明動的案例中可以得知，因為動不動發脾氣的人而「受到傷害的一方」，經常在這樣的模式下逐漸迷失自我，可見加害人對受害人造成多大的恐懼。而那動不動發脾氣的人，在自己的怒火完全消除、解決之後，便會立刻進入和平模式，彷彿先前的憤怒不曾存在過，接著開始親切地照顧對方。關鍵是，他們並不是因為對自己情緒失控感到抱歉，而給予對方「禮貌上」的親切，而是為了讓對方忘掉之前發生的事，才給予「過分」的親切。一旦對方接受了這種過分的親切和施捨，自己也會在不知不覺間陷入以下的想法中。

「他其實是個好人，應該是我做錯了什麼吧。」

「他也沒那麼壞呀。」

當我們如此合理化對方不合理的行為時，自己同時也進入了「假和平」的時期。這是彼此關係嚴重扭曲的開始。在受害的一方察覺這段關係走向扭曲的過程和原因，脫離惡性循環之前，這種病態的關係將會繼續下去。那麼我們該怎麼做，才能脫離這種惡性循環呢？

他們的親切不過是他們自以為是的補償，並非源於他們為你著想的心。為什麼為了忘了他們「憤怒的模樣」，你還要為只想脫罪的他們給予你虛情假意的親切找藉口呢？比起接受一百次虛假的親切，更重要的是避免讓自己成為對方宣洩憤怒的對象。因此，我們有必要對此說明清楚。

你想繼續當被害人到什麼時候？

無論如何，對你而言最重要的是盡快找出這個過程中的錯誤。加害人大發脾氣後，大多會用這樣的說法為自己辯解。

「我是因為最近家裡出了事才這樣的。」

「我的公司倒閉，每個人都被資遣了，如果是你，心情會好嗎？所以你要對我好一點。」

這是錯誤的因果關係，你不能因為對方一番話，就認為「原來他對我發脾氣是有原因的啊」。當然，也沒必要因為這樣就和對方發生爭執或斷絕關係。如果當時情況下你不得不接受對方的怒火，至少也要知道這件事不合理。一旦將對方的行為視為理所當然，未來對方遭遇不順時，自己將永遠會成為被攻擊的對象。

這些人總要在全身傷痕累累後，才肯面對現實，意識到過去自己識人不明，後悔莫及。別繼續站在善良的一面了。當對方隨意對待你，將你視為發洩怒氣的工具時，你為自己做了什麼？要把自己放在弱者的位置上，一聲不吭到什麼時候？

我再次強調，你要如何回應對方的行為，是你個人的選擇。我想說的是，如果有人在路上被打了一巴掌，回來找你出氣的話，請立刻轉身離開。你不必和對方正面衝突，但也沒道理乖乖坐著承受對方的怒氣。我有時會遇見在關係中受傷，長久以來無法脫離創傷的人。要說他們有什麼共通點的話，那就是在遭受傷害的期間，從未為自己做過什麼。光是這樣的事實，就足以對內心造成極大的傷害。

好好想一想

送走壞人，留下好人的準則

第一，真正的關係是不計較利益，不向對方索求，而是在「彼此都強烈認同這段關係」的基礎上，互相分享與溝通情感、想法。彼此真心的情感才是最重要的。在這樣的關係中，儘管我們仍需耗費精力維繫，卻不會因此感到痛苦難過，而會感到「樂趣」與「喜悅」。當對方遭遇困難或受苦時，也不會因此使得你心情沉重或難過，只希望你能一起分憂解愁。而你也願意在能力所及的範圍內，和對方一起解決該問題。

每次你遇到問題的時候，對方只會覺得負擔沉重、頭痛不已，這種人即使是家人，也不算是真正的感情。只要在對方受苦、遭遇困難或出現問題時，觀察兩人關係發生什麼變化，以及自己內心出現何種情感，就能檢驗關係的真實性。

第二，彼此關心的時機相當重要。沒有考慮到時機的關心，是虛假的關心；不問對方是否願意的關心，也是虛假的關心。這種以自我為中心的關懷和慈悲，源自於想要宣揚自己的欲望。真正的關心絕不會使人感到負擔。

唯有切合時宜的關心、了解自己當前所需的關心，才是真正的關心。關心不是一股腦地傾瀉就好，也不可能無限地供應，很多時候我們只要簡單詢問對方的情況或需求，就已足夠。大多數成人即使沒有我們的直接幫助，也能自行解決個人的需求。如果你不知道如何給予關心，別急著亂槍打鳥，只要先問對方：「你需要幫忙嗎？」、「有什麼需要我的地方嗎？」

此外，真正的關心不會因人而異。

「那個人很照顧其他人，卻沒有對我那樣，好像不把我放在眼裡。」

如果是這樣，這種人對你的關心並不是發自內心，因為真正關心別人的人會一視同仁。而他們付出的只是帶有目的的關心，付出關心的對象也只是那些有利於自己的人。

第三，真正的關係並不完美，真正的關係能夠接納「喜歡與討厭」、「彼此相左的意見」，甚至是衝突。沒有辯論、爭吵，只有平靜的關係，是有問題的關係。

可以說「NO」的關係、可以說出心中不滿的關係、可以分享負面情感的關係，乃至於上述的情況都不至於影響關係本身，才是真正的關係，也才是實現平等與公平的關係。

第四，在真正的關係中，沒有下對上的報告，有的只是彼此的分享。如果你會煩惱、擔心自己該開誠布公到什麼程度，那是因為你們的關係已經變質為下對上的「報告」，而不是單純能「分享」個人心情和生活的感情。

在真正的關係中，並不存在著我該分享什麼，又該分享多少的規定，只有單純「想要分享的心」。當我想要分享我的情感、我的感受、我使用過的好東西時，可以毫無保留地分享給對方。至於那些令人不舒服的事情，大多是沒有必要分享，甚至是不可分享的事。如果你覺得這段關係存在著向對方報告和告知的義務，就得好好檢驗這段關係的真假。請記住：

「我沒有義務向你報告，也沒有義務告訴你。」

「我只分享我想分享的事。」

Part 2

保護自己，不再受到別人的情緒攻擊

Chapter 1

如果你不喜歡，就直接說出口

別讓自己困在他人關注的監獄中，
而活得戰戰兢兢。
因為把我們關在這座監獄裡的人，
不是別人，正是我們自己。

人際關係也該有損益表
——物質資源與心靈資源的交換

我怎麼會變成你的情緒垃圾桶？

「我們的關係怎麼可能說斷就斷，這十幾年都是這樣過來的……。」

在關係中，有些人即使感到吃力、覺得厭煩，也依然忠實扮演著某人的「出氣筒」、「沙包」，而走上這條路也是出於他們自己的選擇。為什麼願意一直隱忍下去呢？是因為自己一直以來都這麼付出，還是因為慣性定律，或是因為真心喜歡和對方的交流？如果你想要找出這些問題的答案，請先問問自己：為什麼我還維持著這段關係？

想要解開和他人的問題，必須先反省自己。唯有自己的情況穩定下來，內心才能獲得平靜，也才能看清自己的方向。所以，為了脫離我們和暴怒者之間惡性循環的相處模式，首要任務便是「解決自己內在的欲望」。我們之所以會陷入錯誤扭曲的關係，並且越陷越深，原因就在於「自己內在欲望」的作祟。

上述案例中的明勳，也是如此。將明勳當作出氣筒的組長，另一方面也盡力幫助明勳升上正職。正因為如此，明勳無法單方面退出這段關係。

我問明勳：「在你心中，是不是將取得正職當作自己承受組長憤怒的『交換條件』了？」明勳瞬間啞口無言。如果他真那麼想，那麼將對方行為合理化的邏輯絕對是錯誤的，而這也不會是以休假一年就能解決的問題。

因為對方你得到什麼，失去什麼？

這種問題不只會發生在公事上，在私人關係中也很常見。這些人在和暴怒者相處時，一方面感到痛苦，一方面又試圖維持這段關係，其背後原因大多如此。

「我對他已經死心了，但是還得和對方一起出席聚會，無法擺脫。」

「除了他，我已經沒有別的朋友了。」

「我的男朋友／女朋友雖然動不動發脾氣，但是其他方面的表現都還可以。」

仔細思考這些話，我們將會發現自己由於「內在的欲望」作祟，使得我們放不下這段扭曲的關係。換言之，這段關係帶來的實質好處，使我們無法放手。

談到這裡，解決這段關係問題的答案已經呼之欲出了。如果對方對你的「懲罰」，超過了你所犯下的錯誤或過錯，請別再繼續受到外在因素影響而迎合對方，你該做的是堅定自己的立場。要是別人的話，早就結束那段關係，或者你至少該對於保護自己有所表示吧。

打個比方，就像你遇上了一場大雨，至少也要為了避免感冒而撐傘吧。

那麼你該怎麼做？首先請你拿起一張紙和一支筆，寫下在維持這段關係時，你所得到的利益與損失。如果損失明顯大於利益，就是該為長久的關係帶來改變的時候了。經過這樣的計算，至少有助於我們鼓起「脫離關係的勇氣」。那些長久以來單方面承受對方憤怒的人，特別需要這樣的計算、評估。而這個計算帶給我們的好處，只有確保自己的「人身安全」，而沒有其他的目的，因此不必對此感到愧疚。

縮減對方影響力的方法：將週末朋友變成平日朋友

當我們整理好關係的損益表，下一步就是建立自我保護的機制。如果有人讓你感到不舒服，那麼別只是參加有那個人出席的團體，自己最好另外組三、四個團體。換言之，你可以繼續留在原本的關係中，但是盡量減少這段關係帶給自己的影響。如果你暫時脫離不了脾氣暴躁的人，至少得將那人趕出自己生命的中心吧？只要你增加了接觸的對象，或者增加想做的事情，就能加快遠離那個人的影響。我將這樣的方法，稱為「將週末朋友變成平日朋友」策略。

「你說這個週末見面嗎？我應該不行。嗯……那我們週三晚上見吧。」

利用這種策略，守住自己珍貴的週末時間，將對方降級為平日晚上短暫見面也無妨的人。面對那個讓你過得這麼痛苦的人，為什麼還要賠上黃金般珍貴的週末？不如重整這段關係，將對方變成平日見面也無妨的關係。

但是，為了讓這樣的安排達到真正的效果，請你週末務必安排行程。因為如果你週末沒有行程，卻繼續將彼此的約會安排在平日，這並沒有想像得容易。無論是法國刺繡班也好，登山社也罷，只要你有週末必須定期前往的地方，就能自然而然將約會安排在平日。利用這種方式，能有效將對方從自己生命的中心趕出去，使對方逐漸遠離自己生活的重心。唯有如此，才能保護自己。

上述方法，特別適合那些雖然和他人之間存在矛盾，卻不願正面衝突，也沒有足夠勇氣爭吵的人。我在門診中，從保護不了自己而受害的患者身上體會到許多事情，其中一點，就是個人手中資源的質與量，決定了生命的受害程度。

「我膽子很小，從沒想過跟別人吵架。」

「我並不想大聲爭吵，先配合對方再說，如果真的不行我再躲開吧。」

這種人不必與人正面衝突，只要平時建立一些「沒有那個人的關係」，例如多參加新的團體、興趣活動等，用來保護自己就好。經過你這樣的努力，一座為躲避陣雨而堆砌的小城，將在無形中日益堅固，甚至能為你抵擋更多的風暴。當一個人的基礎越堅固，生命因「他人的憤怒」而受到的傷害當然也越少。

沒有人天生該為誰付出

——你是不是對損失遲鈍的人？

付出多少，就想回收多少

「你問我人際關係中最重要的是什麼？這個嘛，我想應該是公平吧？」

有些人認為，關係中最重要的是公平。他們不希望光是為別人而付出，也會期待在這之後的回報。所以他們的體貼與付出，是企圖獲得同等回報的行為。在每一次的交流中，他們都會在心中不停盤算、衡量。

也許有人會問：「你要我時時刻刻都在心中衡量關係嗎，這也活得太辛苦了吧？」其實不然，對某些人而言，這種盤算可能只是徒增煩惱、頭痛；但對另一些人而言，這就像水從高處流向低處一樣自然。

不少人對這種人很不以為然，卻又說不出這樣的話：「你太斤斤計較了吧，關係中怎麼可能完全做到五五分帳呢？」可惜的是，越是這麼想的人，在和他人一起用餐的場合上，越可能先掏錢結帳。

「這次乾脆我來付錢算了。」

因為這樣的行為，至少讓自己感覺自在一些。然而對於那些不肯吃一點虧的人而言，當自己稍微多付出一些，或是得不到與自己付出同等的回報時，就會感到極大的壓力。因為討厭這種壓力，所以他們事事計較，盡可能快速算出自己為對方付出多少，以及從對方身上獲得多少，才能讓他們感到心安。那麼，他們和哪種人最合得來？

看起來性格優柔寡斷的人似乎與他們比較契合，不過令人出乎意料的是，和他們性格截然不同的人反倒更為契合。換言之，不肯吃一點虧的人和對損失遲鈍的人，可謂天生一對。可是這兩種人的相處間，終究還是會出現問題。

世京的案例就是如此，她和曾經形影不離的好友正處於冷戰之中。

付出最多的一方，情緒會先爆發

「起初我只是想說多付一點沒關係，因為是朋友嘛。可是過了兩年左右，她竟然覺得我多付點錢是理所當然的。明明她現在收入也不錯，車也買得比我早。不過畢竟她是自己開店的人，不能沒有車，這點我可以理解。問題是，她這個人的自私不只表現在金錢觀上。我住在盆唐，朋友住在江南[1]，所以我們總是約在她家或公司附近。後來新盆唐線開通，只要二十分鐘就能到我這裡，那個朋友還是不願意來。甚至叫我去載她，我又不是她的司機，真是的。」

看著和朋友漸行漸遠的世京，我腦中浮現某種似曾相似的即視感。這是因為我在門診內和日常生活中看到的案例，多半和這件事有異曲同工之妙。

① 江南位於韓國首爾市的南邊，盆唐在首爾市之下，兩地距離約十六公里。二〇一一年連結江南、盆唐及京畿道水原市的地鐵新盆唐線開通後，縮短了兩地之間的交通時間。

有一點我們必須知道：最後忍不住先暴怒的人，其實多是原先對損失較為遲鈍的一方。無論是透過對方滿足個人需求的一方，還是最後如世京般暴怒的一方，都必須了解這個事實。那麼這性格天差地遠的兩個人，究竟是怎麼變成朋友的？

「聽完你的故事，看來過去你們之間，經常因為金錢或聚會場所等敏感問題而有所爭執。長久以來似乎都是你單方面付出，我好奇的是，你繼續維持這段關係的原因是什麼呢？在這段朋友關係中，你應該也有所獲得吧？」

「嗯，應該說我們出去玩樂時的風格很接近吧？除此之外，我想不出還有什麼其他原因了。」

「那麼，你們在一起的這段時間，還是有過開心的時光吧。在關係的付出與收穫層面上，不一定只有實質的東西。你付出了更多的實質資源，相對地，也可以從朋友身上獲得更多的心理資源。」

在世京的耳裡聽來，可能會覺得我的話有些直接，但是人類本就是自私的。當我們眼裡只看見損失的時候，其實自己同樣「有所收穫」。要不是那樣的話，世京不會在兩年來對朋友付出到這種程度。如果她一開始抱著奉獻的心，就不會有所期待，自然也不會出現失望、受傷等的情感。肯定是她和那位朋友在一起時很開心，心中獲得某種程度的滿足，才會願意多支付一些費用，和朋友走到今天的吧？

總是付出的你，其實也有收穫

在前面提到的「心理資源」中，最典型的是「透過施捨來獲得滿足」的心理。看著斤斤計較付出與回報的朋友，世京一方面覺得鬱悶，一方面又為對方那樣的生活感到可憐，默默將對方當成「需要我關懷的對象」。其實對方不過是忠於自我本能、習慣自我保護而已。

然而和這種朋友相處久了，世京也可能在不知不覺中開始計較個人的損失，並藉由漠視朋友來達到內心的平衡。坦白說，真正不肯吃一點虧的人，也許不是那些時時刻刻計算個人利益的人，而是一開始就對損失表現得遲鈍的人。他們可能因為內心有某些顧慮，不得不壓抑不肯吃虧的心，最後甚至騙過了自己。

如果真是對損失遲鈍的人，遇到雙方發生衝突的情況，絕不會輕易結束或中斷雙方的關係。他們的反應若不是立刻氣消，不然就是直接告訴朋友自己的感受，讓這件事情就此劃下句點。

那麼，為什麼世京隱忍了好一陣子後，忽然又想忠於自己的本心呢？這其中或許有許多原因，不過最直接的原因，應該是忍耐到了她不得不爆發的情況了。在這段關係中，世京一再地壓抑自己的不滿，最後達到了容忍的上限，於是瞬間爆發。

「我再也不想因為她而受傷害。」

「對方既然做到那種程度，早早結束這段關係也好。」

這才是世京最初的本心。他們總要到對方做得太過分，超越了自己可以容許的範圍時，才肯正視自己的本心。不過在他們爆發之前，需要一個藉口讓自己可以合理地宣洩情緒。於是在某一方需要藉口才會爆發的情況下，另一方仍繼續單方面接受好處，直到超過了對方的容忍限度，這才終於激起對方「忠於自我感受」的勇氣。

也許你需要多長點心眼

——「調節情緒」的真正意義

為什麼有的人非得當場發飆才甘願？

有些人一生氣，非得立刻發飆不可。他們會不顧旁人和周遭情況，先大發脾氣再說。

「他為什麼不為別人著想？當場發脾氣，叫別人如何是好？」

「我正怒火中燒，哪裡還顧得了別人！」

在這種情況下，最直接受害的通常是他的家人、朋友與同事。部分暴怒者願意接納他人的建議，不過更多的人會極力反駁。

「我的個性本來就這樣，不然你想怎樣！」

換言之，因為天性如此，所以當事人自己也無可奈何。言下之意就是要對方忍受，因為我本來就生成那樣，這是我的天性。面對與生俱來的性格和脾氣，我也束手無策。但是我們不禁好奇，真的是那樣嗎？

前面談到暴怒者會使旁人受到最直接的傷害，不過如果我們理性來看，會發現事實並非如此。因為他們沒來由地亂發脾氣的結果，這股怒氣終將化作一把槍，射向當事人。

這樣的人不僅在公司裡會因此身敗名裂，朋友也會逐漸離他而去，甚至連家人對他都不再像過去一樣。而這是他們罪有應得，怨不了別人。

曾有一名門診患者問我：「讓我把憤怒悶在心裡，真是生不如死；但要是當場發飆，又會破壞關係，我到底該怎麼辦才好？」

「原原本本接受你的憤怒吧。」

「什麼，接受憤怒？這是什麼意思？你是要我忍住嗎，還是要我直接發脾氣？」

兩者皆非。當我提出這個建議時，多數人都會出現類似的反應。其實人們大多無法區分「接受憤怒」、「盡情發怒」或「忍住憤怒直到氣消」的差別。這才是問題的關鍵。所以不少人會對憤怒視而不見，進而否定憤怒的存在。他們會用盡全力剷除、踐踏、抹去憤怒的根源，如果真的不得不面對，那就乾脆選擇逃避。

你誤會了「調節情緒」的意思

說到「溝通」，一般人腦海中經常會浮現一個完美的結局。雙方透過對話創造雙贏，這確實是「溝通」的普遍概念，只是這樣的描述過於強調正面的部分了。在現實情況中，我們究竟有多少機會能成功達到「雙贏的對話」？在坊間的「溝通課程」中，真正要教的應該是如何與他人爭執、和解與認輸。在這個觀點下，我想說的是：憤怒也是一種溝通，所以先把你外放的怒氣放進心裡吧。

「接受憤怒的能力（Capacity for Anger）」，是我們必須尊重與培養的與生俱來的能力。在進行治療時，能真正感知到憤怒的人，其治癒的速度要比麻木無感的人快。因為憤怒是有賴我們接受、感知的情緒，而不是急著從心裡趕出或牢牢壓抑的情感。當我們具備這種認知，才是改善的開始。

如果你已經準備好認同與接受憤怒，接下來請仔細分辨自己發怒的原因，並學著如何因時制宜的發怒。那麼，「因時制宜的發怒」是什麼意思？

其實處理憤怒的能力，來自於我們對自己的體諒和信賴。我們所要面對的問題並不是憤怒本身，而是具有破壞性的發怒或壓抑憤怒的行為。但這說起來容易，做起來難。所以我認真想過，為什麼這對人們而言難以做到？這才發現問題出在我們對「調節情緒」的理解。而這個概念不知道令多少人絞盡腦汁、左右為難。

當我要求壓抑自我的人「調節情緒」時，他們會理解成「我就算生氣也要忍耐」。反之，當我要求老是隨意發怒的人「調節情緒」時，他們卻會理解成「我可以不顧一切結束關係」。同樣一句話，用在不同人身上，各有各的解讀。

我想利用這個機會好好說明，無論是高興還是憤怒，情緒都不是我們可以直接調節的。請別誤會，我們要調整的不是情緒本身，而是情緒的表達方式（Expression of Emotion）。換言之，我們必須了解表達情緒的方法。我再次強調，情緒是讓我們去接受、去感受的。情緒本身沒有任何的對錯，唯有伴隨情緒出現的行為，才會牽涉到個人的責任。

想要守護關係，就得長點心眼

憤怒有兩種，一種是具有建設性的憤怒，另一種是為自己帶來災難的憤怒。兩者的差別並不在於憤怒的情緒本身，而是自己發怒的「目的」。如果你表達憤怒的原因是為了樹立良好關係，這是「正面的憤怒」；如果只是以個人欲望為優先的憤怒，這是「負面的憤怒」。

要是你察覺到自己只重視個人欲望的話，請試著 Slow to Anger，也就是克制自己慢點發怒。就像 Slow food（慢食）有益身體健康，Slow to Anger 也有助於精神健康。如果你過去只想著要發洩內心的情緒，那麼從現在起，請暫時按捺憤怒，想想你必須守護這段關係的原因。可能有讀者已經猜到，我希望各位多長點心眼，目的是為了保護我們與他人，以及在這段關係中想要守護的東西。如果你過去不曾忍住自己的憤怒情緒，只是一味地爆發的話，那麼請你多長點心眼，這才是維繫健康關係的途徑。

「除此之外我想沒有其他辦法了，請你多長點心眼吧，這才是對對方的尊重和關心。」

當我對患者這麼說，多數人都會同意。在他們同意的態度背後，正傳遞出以下信號：雖然我想要立刻發洩自己的怒氣，但是我也願意克制憤怒的欲望來守護某個人。為了讓自己真正在乎的人留在身邊，我想，這種建議更能有效平息你的憤怒。

感受不到憤怒，也是一種病

——也許你有情緒認知障礙

我沒事，只是覺得渾身不舒服

在精神分析學的專業用語中，有所謂的「假我（False Self）」。假我相對於「真我（True Self）」，指的是迎合他人期待而非忠於「自己」的自我。

孩子的表達很單純也很直接，幼兒會哭泣、耍賴以獲得想要的東西，如果這時父母沒有充分接受這個行為，他們將開始「克制」自己。當克制行為逐漸強化，孩子在長大成人後，就會在實現自我欲望時顯得手足無措。他們只會努力活出他人預期的模樣，而不能活出自己真正期待的一生。這時在他們身上出現的症狀之一，便是感受不到自己本該感受到的情緒或心情。

然而他們一般都察覺不到自己有這種問題，一直要到身體出現異樣時，才終於發現自己的情況。

其實不是只有我們表現出來的，才算是憤怒的情緒。憤怒分為顯性憤怒和隱性憤怒，而隱性憤怒就像抑鬱症一樣，不會表現出來，而是透過身體的不適來呈現。這麼一來，身體只會日漸衰敗。

現在有越來越多上班族受到情緒認知障礙的問題所困擾。過去我常在門診中見到患者抱怨自己的痛苦，例如「都怪主管，害我壓力這麼大」；如今那些感受不到內在情感而上門求救的人卻不斷增加，像是「我心裡明明沒有什麼問題或煩惱，但是常常偏頭痛」、「每次跟那個人見完面，我就覺得心裡不舒服，真奇怪」。總而言之，他們的共通點是沒什麼情緒起伏，卻覺得渾身不舒服。

當情感宣洩的出口阻塞時，我們的身體便得同時承受情緒的重量。這種情況和我們單純忍住怒意不同。因為忍住怒意只是克制自己的憤怒，至少當事人已經知道自己處於生氣的狀態。

對這段關係，你自在不自在？

如果我們明明遇到了應該生氣或不愉快的事情，內心卻沒有任何反應，那麼最好反過頭來理性檢視自己的情感狀態。因為情感本是「經由自己去感受而來的」，面對感受不到的情感，就必須從理性、認知的層面去了解。這聽起來可能很複雜，不過實際執行的方法非常簡單，我們只要這麼問自己就行。

「對於現在這段關係，我覺得自在還是不自在？」

很少有人懂得反思自己的情感，並對自己提問。其實你不必想得太難，只要簡單問自己「對這段關係是喜歡還是討厭」，就已足夠。

另外，每個人都知道生理和心理狀態是相互影響的，但是當身體出現異常時，卻沒有人想到「是否與情感面有關」。甚至可能這樣反問自己：「我身體都已經痛得要死了，哪裡還有時間管心情怎麼樣？」

「想必之前發生了讓你感到難受的事吧？」

直到我這麼問患者時，他們才開始回想過去。

「啊，好像真有那麼一回事……唉唷，可是那和我的身體狀況有關係嗎？沒什麼大不了的事啊。」

再次仔細想想，你將會從過去毫不起眼的小事中發現問題的線索。

「真的是那樣耶，我都已經忘得一乾二淨了。那時的我竟然不知要生氣。」

從這一刻起，人們才肯真正正視自己的情感，並且尋找相應的解決之道。而經過這樣的努力，身體所承受的不適或通苦，也將逐漸平息。

將隱藏情緒再次解放的「情感練習」

為了找回長久以來被自己隱蔽、忽視的內在情感，我們需要試試「情感練習」。所謂情感練習，其實不難，不過是問自己「你好嗎？」而已。接著，再從「很好（Good）」、「還可以（Not bad）」、「不好（Bad）」的感受當中選擇答案。雖然這樣做可能很幼稚，但是對於那些一直以來和內在情感絕緣的人而言，可能連「你好嗎？」這樣的問題都無法應付。

當你一開始練習的時候，通常「厭惡」的情感會比「喜歡」的情感強烈，所以最好先將自己今天發生的事分成「討厭的事」和「高興的事」兩類，接著再將自己「高興的事」和「討厭的事」按照等級記錄下來。如此一來，我們將能具體表達自己的內心情感，也能逐漸理解真正感受。我把這種記錄情感的方式命名為「今日情感日記」，並且試著用一張簡單的圖表呈現出來。

今日情感日記

很好（Good）	還可以（Not bad）	不好（Bad）
讓我高興的事：	我覺得還不錯的事：	讓我討厭的事：
Level 1：	Level 1：	Level 1：
Level 2：	Level 2：	Level 2：
Level 3：	Level 3：	Level 3：
Level 4：	Level 4：	Level 4：

範例1

很好（Good）
讓我高興的事：我策畫的活動圓滿結束。
Level 1：聽到上司稱讚我的表現比其他部門好。
Level 2：同事給我的反饋是「這次的活動非常有趣」。
Level 3：在辦活動的過程中，我有非常多的收穫。
Level 4：因為身處大公司，所以我壓力很大，現在結束了，讓我感到無事一身輕。

範例2

不好（Bad）
讓我討厭的事：有個朋友很喜歡開別人玩笑，我不想被討厭，只好附和他的行為。
Level 1：我討厭他硬要我幫腔。

Level 2：我討厭喜歡開別人玩笑的朋友。
Level 3：我更討厭就算不喜歡，也會附和朋友行為的自己。
Level 4：我到底要附和朋友到什麼時候？我對這種情況感到很厭煩。

請依照範例2，試著寫下今天讓你心情「不好（Bad）」的事件。有一點要特別注意，在具體記錄引發你厭惡的情緒因素時，請務必分成1、2、3、4的等級。透過這張表，你就能立刻知道自己喜歡什麼、討厭什麼，光是這樣，問題就相對容易解決了。

為什麼我身邊都是沒禮貌的人？

有位朋友向我抱怨，自己非常討厭沒有禮貌的人。聽起來，他的身旁似乎都是一些態度輕率、厚臉皮的人。我很訝異，他身旁竟然沒有對人尊敬、彬彬有禮的朋友。他先說自己和那些人可能無緣，覺得很絕望，後來他自己也覺得這話說不通，於是又問我：「為什麼我身邊都是沒禮貌的人？」

於是，朋友開始對這奇怪的現象感到好奇，不久後他便發現一個重要的事實：雖然他心裡討厭別人的無禮，但是過去對於那些無禮的態度，他卻選擇「沉默以對」。換言之，他們雖然嘴上一再批評那些無禮的行為，但是對於身旁友人無禮對待自己的態度，卻表現得十分寬容。他們並不是明知故「忍」，而是因為「感受不到不滿」。

領悟到這事實的朋友，開始努力讓自己對不滿的情緒變得敏感。他不願錯過心中任何瞬間出現又消失的負面情緒，並開始問自己：「我是否感到不舒服？」儘管還有不少情緒沒能處理，不過相較於過去，至少他已經開始能意識到每一個負面情緒出現的瞬間了。

最重要的是，不要輕易放過任何一個微不足道的負面情緒。或許我這麼說，有人會問：「如果我變得那麼敏感的話，日子要怎麼過下去啊？」但是坦白說，人生並不會因為你對一兩件事敏感就有所改變。而且正是因為我們活著，才能敏銳感受到情緒的變化。

請好好記住，我們的情緒感受相當珍貴，也沒有什麼感受是微不足道的。唯有我們開始重視這個過程，自我（Ego）的開關才會從「假我」轉向「真我」。

◆情緒的定律

1. 我們的情緒並不會隨著時間而自然消失，而會不斷累積，像滾雪球般變大。因此所有隱藏在心中的不滿、不舒服的負面情緒，最後會凝聚成一團「怒氣」。
2. 如果情緒被我們隱藏在潛意識中，那麼並不容易展現出來。
3. 不過，被我們隱藏在潛意識中的情緒，有時會與自己意識到的情緒結合，如蕃薯藤般攀爬向上，最後冒出頭來。
4. 累積在潛意識中的情緒，其規模遠比我們所能意識到的情緒更強大。
5. 在日常生活中，人們容易混淆兒時經歷過的情緒與如今身為成人的情緒。換言之，明明是自己當下可以平息的情感，卻可能出乎意料之外地被無法控制的憤怒所淹沒。例如當某個人對你無禮時，你心中的憤怒值可能會高達一千，不過這其實是和你兒時經歷的情緒感受結合的結果。如果單就成人的情緒層面來看，你的憤怒值實際上只達到二，或頂多十而已。而後者的不滿與不舒服，我們是完全有能力處理的。

6. 即使我們面對是同一個人，兒時的感受和長大成人後的感受也不同。所以，我們應該將「兒時勢單力薄時的自己」所面對的對象，和「現在力量強大的我」所面對的對象，看作「兩個不同的人」。這正是為什麼其他人面對這個對象沒事，我卻感到不舒服的原因。

沒有人可以批評我勢利眼

——精神分析中的結婚要件

●既然生於世俗，為何要抗拒功利主義？

「難道名校就那麼重要嗎？你也太勢利眼了吧。」

「認識的朋友找我去他公司幫忙，我沒有去。後來我選擇了年薪更高的大企業，朋友卻罵我勢利眼。」

還有什麼詞彙比「勢利眼（snob）」承受更多的罵名嗎？所以我對「勢利」這個詞做了一點功課。勢利一詞最早始於英國，文學評論家高奉準在〈勢利的系譜學〉一文中，寫到牛津大學與劍橋大學在入學考試時，為了與貴族有所區分，會在平民的學生名字前標記 sine nobilitate（意謂 without nobility，非貴族出身）。據說勢利眼一詞就此出現。由此看來，勢利眼一詞從誕生開始，就帶有階級的、差別的意義。看看我們周遭如何使用勢利眼一詞，就能更清楚它在社會上的意義。

勢利眼對關係的影響極其深遠，尤其是籌備婚禮的時候，關於「勢利眼」的含意更可能被無限放大。有時甚至導致新人取消婚禮、不想結婚的鬧劇。

蓮姬本是個不婚主義者，好不容易決定結婚，最後卻取消了婚禮。在交往三年的男友對她下「不結婚就分手」的最後通牒的逼迫下，她終於下定決心結婚。「嫁給這種男人，應該還說得過去吧。」蓮姬抱著這種想法，見了對方的家長，也預定好了婚禮場地。可是在準備過程中，雙方的摩擦日益加劇，最後不得不取消婚禮。或許是她的心情已經調適得差不多了吧，蓮姬不帶情緒地向我娓娓道來這段期間的遭遇。

「雖然我們交往了三年，可是我這三個月以來對男友的了解，好像比過去三年還要多。」

「你說的是現實的問題嗎？」

「是的，因為婆婆說想要一個當老師的媳婦，所以決定停掉婚禮。其實我也沒什麼好留戀的。」

「就算這樣，你都已經下定決心要結婚了不是嗎？」

「我當然還是會難過，而且我都已經跟身邊的親朋好友說了。不過，男友對自己家裡的事情，並沒有老實交代。就像我不是老師，所以被他甩了一樣，他們家的情況也不是我們家可以接受的程度。他們家裡，好像只有我男友一個人比較有成就。與其被騙婚，還不如趕快分手的好。」

「看來最後是你們雙方決定要分手的。」

「是的。」

不是時候到了就結婚，而是條件滿足了

因為是雙方同意取消婚禮，不是單方面決定，所以蓮姬才能在最快的時間內調整好情緒。俗話說：「不到禮堂，不知新郎新娘是圓是方。」沒想到這竟然發生在現

實生活中。

如今這個年代，單憑你對對方的愛與信任，還不足以成婚，必須是雙方的需求都得到滿足，才能走入婚姻。如今，婚姻已經不是到了適婚年齡就可以結，而是雙方條件都滿足了才能結。人們對適婚年齡的概念，已經發生了改變。在過去年齡是決定結婚的標準，如今要遇見能滿足我的需求的對象，才是結婚的時機。

父母對於婚姻的立場也是如此。希望子女未來的生活過得更舒適、更優渥的父母，會毫不遮掩地議論媳婦的職業，過問女婿的家庭。似乎只要談到結婚，雙方無須遮掩的「勢利眼」在某種程度都能被接受了。

在〈勢利的系譜學〉一文中，作者提到一則有趣的故事。

在十九世紀以前，snob 這個詞指的是平民而非貴族，到了後來這個字的意思才變成「因為對方的地位不高，令我感到不悅」。這種赤裸裸地鄙夷對方的心理，非常有意思。就像蓮姬的案例中，雙方家庭毫不保留地表現對彼此家庭的嫌棄，男方的家庭希望媳婦是學校老師，女方的家庭則希望夫家財力雄厚，這之間的角力甚至大到讓新郎新娘決定取消婚禮。究其原因，正是因為他們發現了對方手中握有的資源，不足以為自己帶來好處，才走到了這個地步。

當我們期待結婚的對象擁有特定的身分時，在這想法背後隱藏著這樣的期待心理——希望對方的身分「未來能對我有所幫助」。因此，當我們決定走入婚姻時，重要的不是對方的身分，而是對方的身分能帶給我哪些正面的影響。這正是蓮姬說出「差點被騙婚」的真正心理。

你只是比較實際

如果彼此有意結婚，卻煩惱這個婚該不該結，那麼請好好面對自己的勢利心理。這並非難以啟齒的事，也許對方早已啟動自己勢利的心理，評估完這段婚姻了。

到了要思考結婚這一步，想必雙方已經在個性、溝通水平、性生活等方面達到共識了。即便如此，如果你們依然煩惱該不該結婚的話，那麼很可能是房屋、嫁妝、聘金、家庭情況等實際的問題，開始浮出檯面了。面對這些問題的時候，我們應該站在實際的立場來思考與決定，不必怪罪自己「是不是太勢利眼」，這對解決問題沒有幫助。

「你真的無法放棄這個人嗎？跟我說一個對方吸引你的現實條件就好。」

我的大學前輩在聯誼的場合上更換配對對象時，一定會問自己這個問題。這個問題表面上是要求當事人說出自己無法放棄對方的現實考量，例如外貌、家世、車子、職業、學校等，其實當中蘊含了非常深刻的意義。

前輩之所以丟出這個問題，就是看準了我們總是不願對自己誠實，因此才利用這個人性弱點來讓自己決定更換配對的對象。「那個男生要是多賺點錢就好了」、「要是漂亮的女生就好了」，多數人無法痛快地說出這些話。這得歸咎於我們害怕被定義為世俗之人的心理。

如果我們在面對別人介紹的戀愛對象時，都害怕說出現實條件了，那更別論及婚姻了。所以在雙方決定結婚後，一般人當然希望盡最大的努力，避免對方或對方的家人將自己看做是勢利眼的人。但是我想告訴各位，如果在籌備婚禮的過程中，出現了讓自己重新思考結婚必要性的障礙，那麼千萬別逃避。請你趁此機會詢問自己：「為什麼我對這段婚姻抱持疑慮？」並試著找出這個問題的答案。唯有如此，我們才不會隨波逐流，人云亦云。

想結婚，當然要面對現實

當我們真正決定要走入婚姻的那一刻，應該抱著什麼樣的態度？不該是「因為父母要我結婚」，或是「我們交往那麼久，已經無法回頭了」，而是「就算知道有這些問題，我還是會選擇結婚」。

在結婚前，請各位抱持這樣的態度，最後問自己一個問題：「在即將結婚之際，對方讓我到最後都不願放棄的現實條件是什麼？」

利用這個問題，找出自己不願放棄的首要因素，如果對方也恰好滿足了這個現實條件，那麼之後就算在其他方面對方沒有達到你的要求，這個婚姻也是可以妥協的。「反正我也不是對方最渴望的完美配偶，那就接受吧。」其實我們需要妥協的不只是結婚的對象，那個因內心各種欲望相互衝突、想法矛盾的自己，也是要試著妥協的對象。

此外，在決定結婚之後，如果婚前你發現對方的某些地方和自己所期待的不同，也請給自己時間決定是否願意接受。因為準備結婚會耗費大量精力，請告訴旁人你需要獨處幾天，相信所有人都會理解的。

比爾·蓋茲會在一年內安排一兩次的「思考週」（Think Week），讓他可以不被任何人打擾，專注於發想創意。不只比爾·蓋茲需要這種時間，我們在進行某些重要的決定時，也必須有充分的獨處時間，在沒有他人的干擾下專注於個人的思考。那怕只有一天也好。

在充分思考過後，如果我可以完全接受眼前的條件，那才是「我所選擇的婚姻」、「我必須負責的婚姻」。即使過得不幸福，只要是我所選擇的，或許還能承受得住，如果是被選擇的，那麼要回頭也難了。不幸也是一種選擇，至於自己能否承受住這個選擇，就取決於當初是出於你自己的選擇，還是他人的選擇。

有時也炫耀一下，讓自己舒坦些

——不必逃離他人的眼光

你為什麼不想把照片發到社群上？

想讓自己成為眾所矚目的焦點、突顯個人的存在，這些都是人類的本能，所以任何人多少都帶點「暴露症（exhibitionism）」。不過也有人對這種暴露自己的傾向相當敏感，例如興趣是拍照，卻總是將上傳到社群的照片設為「不公開」的尚恩。

「如果只有你自己看，為什麼還要把照片上傳到臉書呢？」

「啊，那只是我用來存照片的地方而已。」

「你可以試著將幾張照片公開給朋友看，不一定要全部呀。有些人甚至連父母的車都在炫耀，為什麼你卻只想隱藏呢？」

「那可不行，搞不好還會被罵說愛炫耀……。」

「你只要發些大家都喜歡的照片就行呀。發文太頻繁的話，也許會被朋友白眼，不過一兩次應該沒問題吧？或許別人看了那些漂亮的照片，反倒覺得療癒，心情更好呢。」

「是這樣嗎？嗯……那我試試看好了。」

尚恩雖然也希望得到他人的肯定和關心，卻不善於表達這樣的渴望。我們擁有這些渴望是非常自然的事，如果硬是將它們壓抑下來，未來某一天也許會對自己造成巨大的傷害。讓我們試著一步一步展現自己吧。

如果你像尚恩一樣害怕陌生人的目光，這時不妨試試「呼朋引伴式的分享」。例如你將漂亮的照片上傳到社群網站，並且留下這段話：「風景真美，順手拍了張照片。下次真想和朋友一起來。」也許朋友們還會會心一笑，而留言說「下次一起去吧」。或是你和生意上的夥伴一起去了高級餐廳，想要將照片上傳社群網站，不妨將餐廳位置打卡，順便放上這段話：「下次一起來吧，我很想和你一起來。」這時候要特別注意，千萬別表現出「我來過這裡了，你們還沒來過吧？」的口氣。

任何人都討厭直接的炫耀，不過「我去了很棒的地方，只希望下次能和你一起來」這句話，聽起來讓人暖心。既不傷對方的心，又能不著痕跡地讓對方羨慕你的生活，這才是有訣竅的自我誇耀。

為什麼我們總是對自己那麼嚴厲？

我建議尚恩至少將一部分照片上傳，其實是有原因的。尚恩這種人的特質，容易將別人的目光看作指責。這並不是說他們無法承受他人的反應，而是他們的超我過於強烈，才會總是以嚴厲、嚴格的標準對待自己。

如果尚恩以平常心看待在社群上炫耀個人生活的朋友，想必她也能毫無顧忌地上傳自己的照片。但是尚恩認為朋友的行為是在炫耀自己，是不符合道德的舉動，因此她自然也不能那麼做。這是高度超我者的特徵。高度超我的人，擁有深受道德支配的性格。然而過度遵守秩序或倫理的人生，可能會像失去水分的枯木一樣，變得死板、毫無生機。

因此，讓我們和自己「偶爾想要稍微風光一下」、「想要被人認同」的欲望和平相處吧。允許自己稍微炫耀一下，就當是為自己的心理健康著想。人生應當講求和諧，一味執行嚴以律己、寬以待人的生活，是相當辛苦的。

不必害怕他人的關注，讓自己好好享受

有些門診患者聽從我的建議，鼓起勇氣將自己的照片上傳到社群網站，然而隔天卻帶著浮腫的雙眼找上門來。一問之下，原來是他最要好的朋友在下面留言：「一段時間沒見，你竟然變成愛刷存在感的人啦？為什麼要上傳這種照片，這跟你風格不搭啊？」

我建議這名患者切斷和這位朋友在網路上的交流，只要維持日常關係就好。因為那些急著在你的貼文中留下負面評語的朋友，很可能是見不得你好的朋友。我們

不必因為這些人而壓抑「個人的欲望」，或者看人臉色行動。

你是平常過度在意他人目光的人嗎？那麼請你做個試驗，計算一下自己的目光能停留在別人身上多久。也許不到幾秒，你就會立刻看向其他地方了。我們長時間凝視他人的行為，是內心感受到強烈的反應的時候，例如當喜歡的人站在你眼前、你想傾聽對方的話的時刻，或者你向對方表達討厭、憎惡的眼神之時。這也是為什麼陌生人一直盯著我們看時，我們會覺得不自在的原因。

你是否害怕他人對自己少許幾秒的關注，就會因此感到活在高度的壓力之下？「我上傳這種文章和照片會被人罵的。」、「我在群組裡面發這種訊息，一定會引起軒然大波？」像這種預測他人反應的行為，也是被困在他人的關注中。

所以，別讓自己困在他人「關注的監獄」中而活得戰戰兢兢。因為把我們關在這座監獄裡的，不是別人，正是我們自己。

習慣自嘲，結果被隨便對待

——看起來高不可攀也是一種策略

好相處的人，就可以隨便應付嗎？

和陌生人初次見面的場合上，孝宣是那種會在氣氛冷掉的時候，硬開自己玩笑來化解尷尬的人。也許是因為那樣，孝宣非常受歡迎。然而她的這種處世方式，可能在關鍵時刻變成傷害自己的一把利箭。換言之，雖然放下個人身段，開自己的玩笑，或許有助於增進親密關係，卻也可能在某個瞬間讓自己變成「隨便的人」。

「你這個人真好相處。」

在起初的關係中，對方這句話確實是表達稱讚與好感，不過隨著彼此關係進一步發展，雙方變得熟絡起來後，這句話背後的意思可能變成「你真是隨便的人」。在現實的人際關係中，當我們經歷了各種衝突與傷害後，將會發現當自己被評價為「善良」時，不全然代表稱讚，當別人說你「以德報怨」時，也可能不是批評，而是指你自律甚嚴。

好好守護自己的感受與需求

假設現在有三個人站在你面前，分別是討厭的人、善良的人，以及一個拿著糖站在兩人中間的人，他正想著要把糖先給誰。因為討厭的人吵著要糖吃，於是他先把糖給了討厭的人，再分給善良的人。

從結果來說，討厭的人和給糖的人其實做了「相同的選擇」，而善良的人做了「不同的選擇」。這是什麼意思？當討厭的人吵著要吃糖，做出「以個人欲望為優先的選擇」時，中間拿著糖的人，也因為討厭的人吵鬧而先給了糖，做出相對省力的決定，這個行為在某種程度也滿足了給糖的人（想逃避他人吵鬧）的欲望。反之，善良的人沒有決定的權利，只能憑著別人的決定最後拿到糖。同樣是得到糖，善良的人卻等了更久，忍受更長的煎熬。

不過也沒必要因為這樣，原本善良的人就讓自己變成自私的性格。懂得體諒他人、忍受他人的善良，是非常了不起的才能，怎麼能毀了它？只是我會建議，為了讓你繼續守護這個別人想買也買不到的善良，請你發揮智慧在適當的時間和場所表現適當的行為。這正是所謂的「TPO原則」。

TPO是由時間（time）、場所（place）、狀況（occasion）三個單字的第一個字母組成，一般是指「符合時間與場所的衣著」。在此，我想將衣著替換為對人的態度，談談一些看法。

首先，你得先了解目前相處的對象，是個以個人安危為優先的人，還是在你退讓十次左右時，至少也會退讓三四次的人。這是為了讓你評估自己有沒有必要繼續為對方付出。如果對方是每次有糖就吵著要先吃的人，你不必總是體諒對方、選擇退讓，並且應適時向給糖的人抗議，要求他別為了貪求個人方便，總是優先照顧吵鬧的人。甚至也要讓給糖的人知道，我不是「可以隨便應付的人」，我也是「想獲得同等待遇的人」。

回到原本孝宣的案例。

「這樣看來，好像每次受傷的人都是我。」孝宣說。

曾經因為討厭尷尬氣氛而硬開自己玩笑的孝宣，在多次受到傷害後，已經緊緊關上心房，不願再對他人敞開。她搞笑的行為，最後真讓自己變成了笑話。對於擔心被別人看輕的孝宣，我建議她不必非得將內在的軟弱或不安表現出來，也希望她在氣氛變得尷尬的時候，別急著出頭解決。

「你今天怎麼那麼安靜？」

「你要搞笑才好玩啊。怎麼不說話？這一點都不像你。」

面對忽然安靜的孝宣，旁人也許會滿不在乎地去出這些話。他們可不會因為你經常炒熱氣氛，就對你心存感激，而是真的把你當成了炒熱氣氛的小丑。唯有跳脫這種社交的壓力，才不會讓自己變成笑話。如果你想保護自己，就要從自己做起。

Chapter 2

讓自己放手吧，期待下一次再見

當關係失衡時，建議你暫時把這段緣分放下，
它能讓你短暫的休息，
也是下一次見面的約定。

若現在不是交流好時機，不如避開

——當「慢熟的我」遇到「快熱的你」

為什麼那個人總愛跟我裝熟？

任何人都有對親密感的渴望，但是在現實生活中，與他人營造親密關係極其困難且複雜。當我們與他人關係疏遠的時候會感到不安，過於親近又會不自在。該和他人維持多親密的關係，這個問題總讓人煩惱。

朱紅今天依然憂心忡忡，因為有個她不想變熟的朋友，每天都在她的臉書下留言或傳私訊。我問朱紅為什麼不想和她變熟，原來那位朋友和過去造成朱紅困擾的朋友類型很相近。這類朋友往往毫無保留地表達自己對朱紅的好感，總說有很多事想和朱紅一起做；明明彼此還不熟，卻喜歡勾著朱紅的手，或和朱紅勾肩搭背。朱紅說，這種過分展現個人情感的朋友，不適合自己的個性。

「不是說我討厭和人親近，而是我對那些初次見面就裝熟的人覺得很有壓力。現在我也在不知不覺中開始和別人保持距離。」

仔細聆聽她的遭遇後，我想朱紅正面臨關係發展中的「速度問題」。在朱紅和他人建立關係時，速度慢如烏龜，而想和她親近的那些朋友，卻像兔子一樣急躁。這類個性急躁的人，大多會透過肢體接觸或激烈的情感表達，督促對方加快對關係進展的腳步，直到和自己一樣。

當然這並沒有不好，那是他們的性格使然，也是他們建立關係的方式。然而當朱紅這種對關係消極的人，遇上對關係積極的人時，衝突就發生了。在步伐快速的一方看來，朱紅蝸牛般的緩慢前進令他們很焦急。於是他們有時會催促朱紅，或對朱紅表達內心的失落，這些行為無非是為了確認朱紅對這段關係的心意。問題是朱紅對此感到吃力，「我都還沒準備好，你們卻急著跑過來，當然會讓我吃不消」。

借用朱紅的形容，那些「急著跑過來」的人造成了她巨大的心理負擔。

當我和你的「社交節奏」不一樣

如果有人想和你變熟，那不是很好嗎？還是你只會感到負擔？對於這個問題，朱紅這麼回答。

「因為他們從星期一開始一路約到星期日。」

「那是什麼意思？」

「對方聯絡我想約星期一見面，如果我說不行，對方就改約星期二；如果我說星期二不行，對方就改約星期三。真是煩死人了。」

朱紅甚至用了「他們從星期一開始一路約到星期日」這種說法來總結類似的情況，可見她在過去單向的關係中，或者從性格急躁的人身上，有過「不好的經驗」。她擔心自己的世界被闖入，只能緊緊縮著身體。

平時不善於拒絕他人的朱紅，在一段關係開始後，總要先經歷一段看對方臉色的日子。朱紅非常討厭每次自己都得重複相同的情況。要是那樣的話，倒不如不要結交新的朋友。如果她一時心軟而讓新的朋友來到身邊，最後可能造成兩敗俱傷的局面。

這不只是朱紅的故事。如果你覺得自己容易心軟，那麼千萬別為了向對方表示關心，而隨隨便便將自己的心交出去。尤其是當你無力承受新的關係時，更是如此。雖然一開始對方可能因為你緊閉的心房而受傷，不過他們會立刻收拾好心情，跑向下一個對象。所以你不必感到自責，也不必有「捨我其誰」的想法。

理解與尊重各自不同的社交節奏

可是，如果靠近我的對象不那麼討厭的話，那時候我該怎麼做才好？如果你想要變熟的對象是像朱紅一樣的烏龜類型，請別忘記烏龜並不覺得自己的步伐緩慢，你只能耐心等待對方。反之，如果自己是需要一段時間才能敞開心房的類型，那麼請繼續維持自己的節奏，同時主動向對方發出訊息，消除對方的不安。例如你可以在對方看得到的社群網站上，留下這樣的貼文：「我需要時間接納他人。速度雖然慢，但是我一直在前進，你要等等我喔。」有時你也可以主動傳訊息給對方。唯有兔子和烏龜互相體諒彼此的時間感，雙方才能在走向彼此道路的中點相遇，並且展開一段美好的關係。

在這裡，我想稍微解釋一下「親密」這個詞的意義。將「親密」兩個字拆開，你會發現有趣的現象。根據字典上的解釋，「親」最常見的意思是「親近」、「親愛」，而「密」最常見的意思則是「緊密」、「嚴密」。同樣是「親密」，有些人的解讀是「想和你更加親近」、「愛你」，而對於像朱紅一樣的人來說，感受到的卻是「緊密得令人喘不過氣」。

每個人是如此的不同，所以請你再等等吧。那要等到什麼時候？等到對方一步步慢慢走向你，和你的關係從「喘不過氣」發展為「親近」，最後達到雙方契合的親密感為止。如果你自知「我的個性很急，辦不到」，或者想發牢騷「我又不是身旁沒人了，一定要再等下去嗎」，那麼請你放過那個人吧。

無論是哪一種類型的人，每個人透過關係最終想要達到的目標，也許是一樣的。那就是不管彼此的速度如何，最後我們都只想將一小部分的人放進自己私密的口袋中。他們是可以讓自己暢所欲言的人，是可以放心亮出自己內心黑暗面的人，是願意擁抱我們傷口（而這個傷口甚至無法對家人訴說）的人。我們在關係中跌跌撞撞，歷經各種痛苦、紛擾，不就是為了尋找能放進這個口袋裡的人嗎？這麼一想，無論是像兔子一樣的人，抑或是像烏龜一樣的人，都變得那樣令人憐愛。總而言之，我們應當珍惜彼此，給予彼此一定的關懷，使各自都能實現自己的夢想。

脫離讓你「無奈」的關係

——放手只能回答「YES」的關係

世界上沒有非接受不可的關係

「最後收尾再請承佑幫幫忙了，今天晚上我有點事情。」

「你前天不是買了一件洋裝嗎？借我一下，這個週末有相親。」

「你就讓讓弟妹嘛，都已經當姐姐的人了……。」

面對忽然把自己的工作丟過來就下班的組長、要自己把一次都沒穿過的新洋裝借給她的朋友、希望把僅剩的一間房間讓給弟妹的媽媽，你們通常怎麼回答？

「又沒辦法說不要，這也是無可奈何的事。」

來到門診尋求幫助的患者，多數都曾告訴我類似的經驗。

我想藉這個機會直截了當地說：這個世界上沒有「你非接受不可」的關係，只有滿口無可奈何、無計可施的你。對於正身處一段痛苦關係中的人，我並不想要求他們「別再說自己無可奈何了」。因為對飢寒交迫的人說些冷漠的話，又有什麼幫助呢？

面對因過去複雜的關係而陷入煩亂的內心，我們需要的不是果斷改變，而是一條溫暖的棉被。我稱之為「暖心棉被」。就像我們會把凍傷的雙腳放在暖爐前烘一下，直到趕走身體的寒氣後，才繼續步入下一段旅程一樣。在我們進入下一段關係前，也需要暖心的過程。如此一來，自己才能獲得喘息的機會，並有足夠的精力振作起來。

所以接下來，我們將一一檢視自己所處的狀態，以及過去那些常讓自己感到「無可奈何」的關係，並且花些時間一探自己的內心。

真奇怪，只要在那個人面前，我就矮了一截

「這是無可奈何的選擇。」沒有什麼比這句話更能直接表現自我的矛盾了。

「雖然不喜歡，但是我拒絕不了對方，就好像被未知的力量牽著走一樣，不自覺地答應那個人的要求。真的很奇怪，但我就是照辦了。這種被迫接受的感覺，讓人心情很糟。」

這是無法開口拒絕的人經常出現的抱怨。我想不必指名道姓，正在閱讀本書的讀者當中，應該有不少人都心有戚戚焉。明明是我自己的選擇，可是在接受對方的要求後，卻有些患得患失，甚至有種被騙了的感覺。其實，這是因為那個選擇自始至終都不是你自發的。

「好，我來幫忙吧。」當你說出這句話的瞬間，原本存在你心中的個人意志，早已消失無蹤。或許打從一開始，你心中的選項就只有一個「ＹＥＳ」。

無法開口拒絕的人也經常向我抱怨：「站在那個人面前，我就……」。只要站在特定對象面前，他們就變成了隨時接受命令的待命組。究竟讓他們變成「待命組」的「他」是誰呢？

「要是我不接受，他就沒完沒了。」

「我想要他的關心和認同，所以只能聽話。」

只要用上述兩句話，就能用來概括「他」的特徵。「他們」總是以個人欲望為優先，並且懂得運用各種誘因和策略讓對方接受。換言之，「他們」非常清楚如何讓對方乖乖聽話。

當然，並不是只有誘因和策略，就能讓對方乖乖聽話。多數情況是他們有能力滿足對方的某些需求，或者他們所處的位置能提供對方某些需求。因為這樣，需要他們庇護或幫助的人，便無可奈何地接受他們的要求。

雖然我不喜歡那個人，但也不是超討厭

想要結束一段不愉快的關係時，首先我們會有這樣的煩惱。

「我真的能和那個人斷得一乾二淨嗎？」

「我能完全擺脫這段關係嗎？」

如果這時你不能果斷做出決定，心裡只想著「我也無法脫離和那個人的關係，只好繼續這樣下去了」，因而草率地選擇維持現狀，那麼你十之八九會深陷在強烈的無力感中。

「我明明不想要這段關係，卻只能無奈地繼續下去。」這句話是什麼意思？其實是因為你討厭的感覺還不夠強烈。雖然心裡有些不舒服，不樂意接受對方，但是又不是「完全」討厭對方的時候，我們就容易陷入矛盾之中。

例如對方儘管擁有缺點，卻也有足以抵銷缺點的優點。像是沒有人可以陪自己度過每個週末時，只有他是最好的候補人選；或者雖然他是令人討厭的同事，但是能代替我承受上司的憤怒；或者雖然他是把晚輩當小弟使喚的上司，不過在關鍵時刻總是欣然拔刀相助。換言之，維持和那個人的關係並非百分之百不好，所以我選擇繼續維持。

對於這類狀況，我們常用「無可奈何」來解釋。不過更正確來說，應該是我們「還沒做好決定」，所以用這句話當作藉口，不著痕跡地逃離該為自己的決定負責的情況。

如果你正處在這種狀態，那麼我想提出一點建議，那就是和對方盡可能保持距離，直到你內心出現明確的決定為止。

有一部日劇為《逃避雖可恥但有用》，片名取自匈牙利諺語②，令人印象深刻。雖然我們不至於會逃跑，但至少也要留點「猶豫的時間」給自己。別在自己心中的答案尚未明確前，就做出遠離對方的結論，而是要學著彈性調整彼此關係的距離。

如果你和對方是隔兩三天就須聯絡、見面的關係，那麼逐漸減少雙方見面的次數吧。在會議或聚會的場合中，雙方不要坐在同一桌，也有一定的幫助。此外，我們也要努力解決「個人的欲望」與「個人的需求」，以免在關係中受到對方的操控、擺布，卻無從掙脫。唯有解決這個問題，我們才能真正脫離令人無奈的關係。

②日劇《逃避雖可恥但有用》原名為《逃げるは恥だが役に立つ》，取自匈牙利諺語「Szégyen a futás, de hasznos」，臺灣譯作《月薪嬌妻》。

我不是你的心靈加油站
——對抗需索無度的壓榨

雙方對關係的感受不見得相同

人際關係的核心在於雙方的互動以產生共鳴，因此只滿足一個人需求的關係是不成立的。當A和B兩個人邂逅，最終相愛或建立友誼時，才能完成「一幅圖」。然而在實際關係中，完成的多是A所期待的關係圖和B所期待的關係圖，總共有兩幅圖。如果這兩幅圖有較大的交集，問題還不大，然而更多時候是沒有交集的。

就拿宣惠和英恩兩人的交友關係來說，宣惠理想中的關係圖是這樣的。

「我希望對方能認真聽我說話，並且感同身受。凡事要以我為優先，這樣我在這段關係中才會有安全感。」

反之，英恩理想中的關係圖是這樣的。

「我雖然善於傾聽，但是也希望雙方給我回饋。」

如果一切按照宣惠對關係的理想圖發展，英恩必然有所不滿。因為英恩每一次都得傾聽、給予共鳴，而朋友卻能獨占好處，又不必付出。重點就在這裡。即使兩人相處的時間一樣，也品嘗了相同的食物，彼此記憶中對這段時間的情感卻大不同。從表面上看來，兩人是度過了「相同的時光」，然而彼此心中卻建立起「不同的關係」。我將這種相處關係，形容為「表面上在一起，內心卻不曾在一起的空虛關係」。

那麼，如果這段時間過得不開心的英恩，直接向宣惠要求改變呢？對方會接受嗎？我想應該很難吧。

「每次都只聽你說，我有點累了。我們稍微改變對話方式吧。」英恩說。

「你在說什麼？都是你不說自己的事，才會變成那樣的。我什麼時候叫你別說話了？算了。跟你說，我昨天啊……。」宣惠反駁道。

宣惠這類以自我為中心，習慣了單方面接受對方共鳴的人，不願輕易認同對方的想法。再說有時「共鳴」不僅容易讓人上癮，也是相當珍貴的資源。宣惠自己也很清楚，可以替代英恩的對象並不好找。這是為什麼宣惠向英恩無限索求共鳴的原因，也是英恩必須暫停這段關係的原因。就當是為了維持和宣惠的關係吧，英恩當下亟需一段時間「為自己乾枯的情感加油」。

我再也不想當你的心靈加油站

他人的傾聽、共鳴，是人們每日的心靈糧食。一個成熟的大人，能夠有智慧地尋求這類糧食。但是有不少人每天都需要，卻無法自力解決，甚至連自立的想法也沒有，這才是問題。

每次我看見那些為了搶奪「讓人上癮的共鳴」，不惜殺紅眼的人，或者抱怨長久以來單方面給予對方共鳴，已經心力交瘁的人，我總覺得相當惋惜。尤其是後者，當受害者與對方處於商業合作或認識許久的關係時，更難拒絕對方的索求。然而在某些情況中，向對方索求共鳴的行為，不過是以自我為中心的欲望作祟而已。

「你今天能不能光聽我講話就好？」

當對方要求自己傾聽與共鳴時，雖然無法果斷拒絕對方，不過至少要表明限度。

「一個小時左右還可以，之後我有其他事要辦。」

這種事先說好時間的方式，完全可以讓對方妥協。如果不懂得使用這種訣竅，便立刻開始傾聽對方的故事，結果只會讓你再回到單向的關係。

對方在得到你的共鳴，為自己加滿油後，就會拍拍屁股消失。為什麼？因為他的任務已經達成。好比我們開車沒油，得找附近的加油站一樣，當他內心的汽油耗盡，便會找你為他加油，並把這當作是理所當然的事。如果你不對此做出回應，那麼不只是現在，未來的每一天都會困在這種被無限利用的關係中。

原來我只是你的情緒垃圾桶

——關係中的另一種攻擊

有些人只挑好欺負的人發洩情緒

垃圾桶和化妝室是我們在生活中不可或缺的東西之一，因為人類從出生到死亡都會不斷製造出垃圾和排泄物。情緒也是如此。究竟什麼是情緒垃圾桶？其實任何情感都是可貴的，這個世界上並不存在像垃圾一樣的情感。我個人認為，人類沒有任何一種情感是可以被拋棄的。

既然如此，又為什麼會出現情緒垃圾桶一詞？這是因為人們無力承受當下痛苦的情緒，只想盡快甩開，於是出現了情緒垃圾。而承受情緒垃圾的人，我們就稱之為情緒垃圾桶。

「我有個朋友永遠在講自己的情緒問題。一開始我會乖乖聽她說，但之後她就變得越來越得寸進尺，讓我快吃不消了。她常常會傳訊息給我，如果我不立刻回覆，她就立刻打電話過來。」

「當那個朋友打電話給你的時候，主要會說些什麼事？」

「她整通電話都在罵上司。她說每次和我講電話，都能有效穩定情緒。」

「看來是你心軟了，想說朋友一定是受了很大的委屈，才會這麼說吧。」

「是的，沒錯。雖然我壓力很大，但是對她態度太冷淡也說不過去。」

「那麼，韶羅你也試著對朋友抱怨或者說說自己的事吧？」

「沒辦法，我幾乎每次都要配合朋友想聊的話題，聽她自己的故事。就算再怎麼好聽的歌，連續聽個一兩天也會膩吧。她實在是太煩了，我現在不想理她。」

「那之後該怎麼辦才好？韶羅你應該也有對理想關係的想像吧。」

「我當然想結束呀。可是相較於承受對方情緒的當下，更令我受傷的，是隔天我和朋友互傳訊息的時候。」

「隔天？」

「是的，我明明前一天過得很不開心，可是朋友說起昨天過得很開心，我又得附和她。我真是沒用，不知道自己為什麼連這種時候都要欺騙自己去迎合朋友。」

「你說的是二次傷害對吧？這是非常重要的觀察。比起關係失衡的當下受到的首次傷害，經受害者否定、逃避首次傷害所造成的二次傷害，更容易讓人喪失自尊。你願意在這裡試著了解自己的感受，光是這樣就很了不起了。」

若只有你單方承受一切，暫停關係也無妨

在我們的朋友、戀人、家人、同事或上司中，一定會有這樣的人，他們因為沒有吐苦水的地方，所以專挑值得信賴或看起來好欺負的人下手。這時，越是不懂得拒絕，同理能力越強的人，越容易成為他們的情緒垃圾桶。一天得聽朋友抱怨好幾次的韶羅，也是這種被剝削者。目前韶羅和朋友的關係公平性（fairness），已經處於失衡的狀態。

雖然關係失衡的問題一般會出現在上對下的垂直關係中，不過在朋友或情侶的水平關係中，也會出現這種問題。當關係中的公平性崩潰時，將會造成雙方勢力的失衡，進而使某一方淪為「情緒垃圾桶」。

如果你也像韶羅一樣，正痛苦地承受著某人的情緒，那麼請重新檢討兩人的關係。就算你們對彼此的付出不是剛好五比五，至少也要是比例差不多的互動。

足球比賽中有所謂的控球權，關係中也有「話語權」。如果對方每一次，甚至長達數年掌握了話語權，你就有必要提出來和對方討論。在沒有結束這段關係的情況下，你至少要試著扭轉對話的公平性。

「我覺得你暫停這段關係也無所謂。」

她反問我：「暫停？你是說朋友聯絡我的時候，不要理會她嗎？」

我們將宣洩情緒的一方稱為發言者，承受對方情緒的一方稱為傾聽者。所謂的「暫停（time out）」，不是讓發言者暫停宣洩情緒（說者也不可能主動暫停），而是讓傾聽者主動「暫停傾聽」。好比施暴與壓榨的關係，通常要到某一方主動停止被壓榨的行為，這段關係才會有所改變。雖然也有極少數情況是發言者主動暫停，不過宣洩情緒的一方已經沉迷於這種「宣洩」的行為，豈有自己主動暫停的道理。

將對方視為情緒垃圾桶，也是一種攻擊

我們接著談談韶羅觀察到的一個重要問題——「二次傷害」。雖然韶羅在傾聽朋友宣洩情緒的當下，因為身不由己而附和對方，不過最令她討厭的，其實是隔天在聊天軟體的對話中，竟然還繼續附和朋友的自己。

對於這個問題，我們有必要好好思考。因為只要妥善解決了這個問題，就能治療我們受傷的自尊。

如果到目前為止，你在對方面前表現出的都是虛偽的真心，例如在聊天軟體中回應對方「昨天我也很開心，我們果然是心靈相契」，那麼這次務必要傾聽自己的聲音，按照自己的步調前進。

「昨天聊的話題讓我覺得有點累，下次我們試著換個話題吧。」

至少你得表現出這種程度的不滿，對方才會察覺有異。即使對方予以反擊，說：「昨天你不也很開心嗎？今天是怎麼了？」我們也可以反駁回去：「才沒那回事。」某一方單方面配合對方，並非真正的友情，請記住這個大原則，就能控制自己軟弱的心。

說到情緒攻擊，一般人都會聯想到大發脾氣或破口大罵、滿口髒話的模樣，其實並非如此。在日常關係中，情緒攻擊反倒是以無聲的方式進行。其中最典型的，就是將對方當作情緒垃圾桶的行為。

將對方當作情緒垃圾桶的人，如果發現像韶羅那樣善於傾聽自己感受的朋友，某天再也不願意配合，他們肯定會用盡各種方法對付朋友，試圖扭轉回原本的關係。如果行不通，最後甚至可能演變成攻擊對方的行為。例如將對方的發言硬生生截斷，或者不給對方說話的機會，或者以過度激烈的反應令對方難堪，這些行為都屬於情緒攻擊的行為。我們可以這麼說，在關係中使出情緒攻擊的人，就是那些不顧對方需求，無限放大個人需求的人。

如果有誰將你當作情緒垃圾桶，請務必記住，那個人不是因為把你當好朋友、好家人、好同事，才對你宣洩情緒，那是一種情緒攻擊。只要我們認知到這個事實，就能避免自己未來在無形中被情緒攻擊而受傷。

即使出現負面情緒，也是真實的我

——客觀看待個人感受

別管他人，是時候面對你的情緒了

我曾經在社群網站上看到「情緒小站Tumblr」的說法，是指你在傷心難過，有些情緒不吐不快的時候，在自己的Tumblr（www.tumblr.com）帳號上可以盡情宣洩。雖然我不知道是誰發明的，不過這種正視內在情感、抒發個人情緒的行為，倒是令我印象深刻。

順著這個發想，我們也可以試著準備一個「情緒回收桶」。我之所以命名為回收桶，而不是垃圾桶，是有意延續前面所說的，在我們的情緒中，沒有像垃圾一樣的情緒。無論負面情緒、令人厭煩的情緒，都是我的真實情感。將它們稱為垃圾的那一刻起，我們心中只會對它感到厭惡，並且想立刻向他人宣洩。倒不如將它們看作是需要回收的情緒，同時預備一個可以存放這些情緒的空間。

請先用簡潔明瞭的「文字或短句」記錄下你的感受，再將它依你所感受到的程度由弱到強寫在不同顏色的便利貼上。便利貼的分類方法如下。

感受程度（由弱到強）：綠色便利貼＜黃色便利貼＜橘色便利貼＜粉紅色便利貼

綠色便利貼：讓我稍不舒服的事
我能充分理解，也能藉由溝通解決的事件或對象。 例如：「欸，你是故意忽視我的話嗎？」、「我傳給你的訊息，你過很久才已讀耶。」
黃色便利貼：讓我很不舒服的事
我雖然很不舒服，但是自己還可以忍耐的事情或對象。 例如：「我想那是誤會。」、「我再稍等一下吧。」
橘色便利貼：讓我緊張、憂慮的事
我想予以警告的事件或對象。 例如：「我真想挫挫你的銳氣。」、「這是我最後一次忍耐了。」

粉紅色便利貼：讓我憤怒、厭煩的事

令我暴怒的事情或對象。
例如：「〇〇〇，我再也不要看到你了。」、「崔某某，我們玩完了！」

像這樣依照不同便利貼的顏色分別寫下自己的感受，每個月檢查一次，看哪個顏色的感受便利貼最多。透過這種方式，就能客觀掌握自己在每一段時間的情緒感受程度。還有一件重要的事，那就是在持續記錄一段時間後，你將會發現自己開始善待內在的情感，而這實際上也有助於你提高自信。

另外，你也可以利用這個機會，檢視自己表達憤怒的程度是否得宜。例如你心中的怒氣只達到第一階段的綠色等級，而實際表現出來的怒氣，是否達到了第三階段的橘色等級。面對超乎預期的怒氣，請試著這樣安慰自己：「啊，我對那些小事太敏感了。對方只是太忙，訊息回覆得晚了。」問問自己是不是脾氣發過頭了。這個方法看似平凡而簡單，其實有助於我們冷靜掌握個人情緒，是非常不錯的方法，希望各位務必花點時間嘗試。

把處理情緒的任務交給專家

可是，如果上述的方式也無法解決你所受到的委屈，那麼最好去找一個真正對你有幫助的情緒垃圾桶，我的意思是，一個真正的專家。情緒垃圾桶的角色，不是任何人都能勝任的，這牽涉到了專業技術的領域。

在進行心理治療時，治療者會依據醫療契約與患者建立單方面承受對方情緒的關係，扮演情緒垃圾桶的角色。患者可以盡情說出自己無法消化的負面情緒，而治療者會全盤接受患者的情緒，這便是心理治療的開始。

有一點希望各位千萬不可誤會，那就是治療者並不會因此成為真正的情緒垃圾桶。治療者依然保有作為治療者的人格，同時也應得到患者的尊重。反之，無論患者說了什麼，治療者也必須認同患者是個獨立的個體，並在治療期間堅持這個態度。

治療者不僅會妥善扮演情緒垃圾桶的角色，被動接納患者的負面情緒，同時也在治療過程中積極掌握、分析患者情況，再經過專業判斷後回饋給患者。

發揮上述專業能力，是治療者的工作與任務，甚至可以說治療者就是一個內建「情緒垃圾處理機」的人。

因此，如果上述在社群網站上抒發或製作感受便利貼的方式，已經無法解決你內心情緒的問題，亟需「某個人」介入幫助的話，請尋求專家的協助，別再把朋友當情緒垃圾桶了。

如果我不吭聲，對方就會得寸進尺

——練習守護關係，說出內心話

被動攻擊：那些間接的傷害也是情緒攻擊

其實，並非透過直接的話語或舉動造成的傷害，才算是攻擊。那些看似微不足道的話語和舉動，也可能使人們受到傷害。

敏浩因為一位只考慮個人利益的自私同事，感到痛苦不堪。整整忍了兩年的敏浩，最近在會議上對同事報了小小的仇。

這位同事準備在會議上提案，為此事前要求敏浩屆時從旁附和。會議進行時，部長對於這位同事的提案表達了嚴厲反對的立場，痛罵他「上次在會議中被否決的提案，為什麼這次又提出來？」當時敏浩要是站出來，幫忙解釋「這兩個提案版本的差異」，或許情況就會不一樣，然而敏浩只是沉默不語。會議結束後，敏浩表面上用驚慌害怕的語氣對同事說：「部長發那麼大的脾氣，我怎麼敢站出來說話？」內心卻暗自竊喜。

應該有不少人對敏浩的案例感同身受。敏浩的行為稱為「被動攻擊」，是一種明知對方的需求卻置之不理，藉此使對方受挫的防禦機制。與直接正面的批評、攻擊不同，被動攻擊最大的特徵是不露聲色。

當我們擁有的力量不足以為自己挺身而出時，只能採取這種方式被動地保護自己。然而這種被動攻擊有一定的侷限。

假設朋友有一部非常想看的電影，但是你因為討厭他，所以故意取消約定。如此一來，或許你會成功地讓朋友感到挫折，自己卻也得承受破壞約定的內疚感。這內疚感會使你下次見到朋友時，只能處於矮朋友一截的心理地位上。

敏浩也是如此，他雖然討厭同事，沒有站出來幫同事說話，不過這種方法只能使用一次。靠著這種只能施展一次的招式出氣，並無法真正保護自己。

我建議敏浩，如果同事過去一直要求他幫忙不合理的事，那麼務必要挺身而出為自己辯護。

「你要是不表達自己的想法，對方會連你的那一份權益也拿走。在關係中，有所謂的『話語權』。如果繼續放棄自己該發聲的機會，無異於將你的權利拱手讓給對方。」

請先傾聽自己的需求，再考慮別人

當你無法表達自己的心聲時，背後可能有許多因素，不過最主要的原因，還是在於「你害怕對方討厭自己」。換言之，雖然你心裡討厭同事，但想要維持這段關係的欲望更強烈。像敏浩這類容易心軟的人，身旁之所以會聚集許多心懷不軌的人，就是因為他太顧及對方感受所造成的後果。他們擔心對方可能會否定這段關係，所以不敢輕舉妄動，甚至在心中默默為對方擔心。

「怎麼辦？以他那種個性，應該沒辦法如願吧。」

「天啊……他肯定已經遍體鱗傷了吧？」

他們為對方擔憂，進而使得自己也焦躁不安。最後，這種不安令他們克制了自己的需求和欲望，不顧一切為水深火熱中的對方犧牲。這正是他們之所以一再容忍對方的心理狀態。如果你是這一類人，請務必知道一點：你的需求也同樣重要。

但傾聽自我心聲的時機非常重要，在愛情中是如此，在關係中也是如此。在傾聽個人需求的時候，非常講究關鍵的時機。我不是告訴你只要自私地傾聽自己的需求就好，而是希望各位「適時」傾聽自己內心深處的聲音，接著再考慮對方的情緒。只要這樣調整傾聽需求的順序，你就能獲得喘息的機會。當個人欲望適時解決，我們才有足夠的心思去真心善待他人。

有效表達個人需求的三大要件

那麼，你該怎麼做才能有效提出自己需求，向對方勇敢表達心聲？請看以下三大要件。

第一，時機。首先你要尋找開口的時機。通常越是擅長察言觀色，懂得分辨什麼話該說、什麼話不該說的人，越能精準掌握對方的情緒。當然，他們也擅長捕捉開口的時機。真正適合開口的時機，是在對方有餘裕面對問題的時候。但是有一點要特別注意，那就是自己當下的情緒。在自己感到不安、不舒服的時候，最好避免和對方溝通。如果你還沒做好心理準備，倒不如延後開口，那才是最安全的選擇。

總而言之，務必要同時將「我方便開口的時機」和「對方能回應的時機」一併考慮。請參考以下案例。

掌握表達心聲時機的案例

自己方便開口的時機	我結束手邊忙碌的工作，稍有空閒的時候。
對方能回應的時機	對方策劃的工作告一段落，時間稍微寬裕的時候。
雙方對話的時機	在雙方都有空的時候，約個平日晚上見面。請盡量不要在對方情緒較敏感的時候開口。

第二，說話的分寸。如果你不想破壞雙方的關係，應先拿捏好說話的態度和分寸，以免在實際對話時出錯。

我建議你事先模擬可能的對話，綜合考量對方的反應、對方會如何回答自己提出的需求、彼此開誠布公時的對話氣氛等，對此進行沙盤推演。在模擬對話時，請盡情發揮你的想像力和敏銳度，不必臆測對方的心情，進而造成自己的不安。「如果我說這種話，對方肯定很慌張吧？」請你放下這種猜想，把所有精力放在思考可能出現的對話和彼此的互動上吧。

拿捏好說話分寸的案例

我能否接受關係改變？	就算這次的對話會讓關係變得尷尬，我也要堅持自己的需求。雖然我不想破壞關係，但是再也無法這樣忍耐下去。
我非說不可的話	要求對方不要在聚會上總拿我當箭靶攻擊、取笑我。
我得適情況再說的話	「就像你想當主角，我也不想當任何人的配角。」
對方無法接受的話	「我再也不想見到你。」、「你每件事都只考慮自己。」

第三，練習表達你想說的內容。決定好你要說的話，並且要能流利表達出來。想要達到這種程度，不僅要先正視你內在真正的需求，更要事先做好充分練習。或許有人會問：「我非得做到這種地步不可嗎？」當然有必要。因為事先擬好草稿再說出口的話，跟你當場在腦海中構思後說出來，兩者的結果截然不同。事先充分練習，不僅能降低你對開口表達的恐懼，也有助於你提升膽量，就算對話過程中對方露出不悅的表情，你也能堅持把話說完。

不是只有準備面試的時候，我們才需要練習說話。面試只是暫時的活動，而關係互動卻在日常生活中無所不在。多多與你經常見面的好友「練習對話」，必然能使我們活得更加自在。

分開比相識更困難

——如何好聚好散？

暫停關係，讓自己多花點時間思考

諮商才開始，尚振就主動說出他決定要和女友卒戀的事。

「卒婚[3]我是聽過，不過什麼是卒戀呢？」

「從婚姻生活中畢業，稱為卒婚，從戀人關係中畢業，就是卒戀。」

「那和分手有什麼差別？」

「分手是完全結束，但是卒戀是暫時分手。我們最近談到結婚的時間點，因為雙方意見落差太大，每次見面都在吵架，所以決定暫時分開三個月。」

「這個想法真好，那麼彼此就有時間可以認真思考，究竟是要結婚，還是選擇分手了。」

「是的。我們整天黏在一起，只是讓彼此更累而已。只要不談到結婚，其他都沒問題……雖然現在沒辦法結婚，不過我要結婚的話，還是會選擇現在的女友。」

他們在一起五年了，共同度過許多風風雨雨。尚振還在當軍醫的時候，女友就想要結婚了。他當然也想把女方當作結婚對象，問題是尚振仍在攻讀醫學院，在此情況下家裡也不允許他結婚。儘管如此，女友仍繼續催婚，導致兩人的爭吵日益頻繁，最後雙方決定進入「休戰狀態」。因為還在卒戀期間，尚振這對情侶會何去何從，我不得而知，不過這確實是非常好的方法。因為就算最後分開，三個月的卒戀時間變成了分手的前奏曲，這個分手也不會是一時情緒下的決定，而是「聰明的分手」。對尚振和女友而言，這將成為日後極具意義的時光。

③卒婚是指不解除婚姻關係，給彼此喘息空間和享受各自人生的機會，為日韓近年的流行語。

今日的分離，是影響下次邂逅的關鍵

雖然不少人希望我能告訴他們如何認識新朋友，不過如何告別老朋友才是更困難的問題。儘管如此，認為有必要了解或學習如何分離的人，依然是少數。

「我該怎麼和這個人分開？」

「和對方分開真的是對的選擇嗎？」

在我們的生命中，總會有煩惱是否要與對方分離的時刻。有時我們的態度堅定，恨不得盡早結束，於是草草中斷與對方的關係，今後老死不相往來。但是為了自己，也為了下一次的邂逅，一定要妥善結束上一段關係。這次和對方的關係出現變質，就夠令人難過鬱悶了，如果下次還是那樣，豈不可怕？

各位要知道，今日的「好聚好散」正是下一次邂逅、下一段關係的開始。就像新蓋一棟建築物之前，一定要先拆除原有建築，打好新的地基一樣。

如果有一對打算離婚的夫妻來到我的門診，我要思考的不是如何調解兩人，而是如何讓他們好好分開。首先，我會觀察這兩人是否有能力妥善結束婚姻關係，是否有能力和平分開。只要發現他們具備這種能力（即使非常微弱），站在治療者的立場來看，就是值得慶幸的事。如果能同時在兩個人身上看見可能性，那當然是最好的，不過就算只有其中一人也沒關係。接著，我會再從這個可能性著手，說服他們接受這個事實：「抓著對方不肯放手，只會讓彼此更加狼狽不堪。倒不如兩個人好聚好散，期待下次再見的機會吧。」

現在雙方和平分開，也許未來某一天彼此的感情都更加成熟，會願意重新牽起對方的手呢。這要比勉強抓著莫名其妙的關係，繼續對彼此發洩憤怒和絕望，造成彼此傷害來得好。當然，這並不容易。破壞永遠容易，而建設恆常困難。

受折磨的一方，會最先離開

在關係之中，也存在著作用與反作用定律。雖然聽起來可能有些荒謬，不過這是我經常對那些預料將會分離，或者正準備分手的人所說的話。在每一段關係中，都存在著像鏡子裡外一樣互為相反的彼此，只要其中一方不見了，另一方也無法存在。更具體地說，關係中同時存在著掠奪與被掠奪、加害與受害、接受與給予、折磨與受折磨，沒有了其中一方，另一方也會隨之消失。尤其是越像家人、戀人、閨密一樣親密的關係，對彼此造成傷害的次數就越多。如果雙方逐漸加劇的衝突能帶來正面的作用，那當然是最好的，問題是多數情況只會造成負面影響。

人際關係出現轉變的時間點，通常在其中一方覺得自己受盡委屈的時候。當他們在這段關係中感受不到存在感時，便可能「臨渴掘井」，採取行動準備離開。問題就在於對方不肯輕易放手。我能理解對方不肯放手的原因。「昨天見面、道別的時候，都還好好的，怎麼今天說分就分？」這樣的想法使他們感覺過去的關係被否定、被忽視，也使得他們更不願意接受分離。但是請記住，當你遇到這種情況的時候，越快放手，下次的機會也越快出現。

讓彼此沒有遺憾，是對離別最基本的禮貌

由此看來，尚振這對情侶選擇「三個月的卒戀期」，的確很聰明。說到分手，一般人必定會出現激烈的情緒，不過要是能給彼此一點時間，雙方自然會開始思考

這段關係。「我們到目前為止的關係怎麼樣？」、「阻隔在我們中間的障礙，是否能夠解決？」讓彼此經過這些思考後，再做出最後的判斷。換言之，當你們評估過這段關係的未來後，便能決定是否要與對方分開。如果你們最後決定要繼續維持這段關係，請想想自己該放棄什麼，又該堅持什麼。如果尚振女友想繼續維持關係的話，她應該會決定「之後幾年不再催婚」。

像這樣短暫分離，給彼此思考時間的做法，有助於提高雙方自主決定與獨立負責的能力。通常人們在煩惱是否要分開的當下，無法冷靜自主的判斷與負責，只會陷於被害意識中，認為自己單方面受害，於是巴著對方不放，甚至對主動提出分手的另一方施暴。處於這種「未經思考，只有滿腔憤怒」的狀態，對彼此都不好。

因此，如果雙方關係即將進入分開的階段，那時可別輕易被對方或當下情況牽著走，務必要留給自己「思考的時間」。就像離婚之前，要經過「離婚熟慮期」④一樣。就算你們的關係未必受法律的保障，安排離婚熟慮期也會有極大的幫助。

---

④ 韓國二〇〇六年於全國實施「離婚熟慮制度」。當事人離婚前必須經過一至三個月的思考期，即「離婚熟慮期」。

無論何時，都要以自己為優先

——導正混亂的關係

搞清楚，我不是你媽

「過去我想做的事，想吃的東西，從來沒有哪一樣實現過。」

「我又不是那個人的媽媽，這種關係再也走不下去了。」

「他又沒什麼了不起，竟然敢那樣對待我？我真的受不了了。」

上述三句話的內容雖然不同，其實總結目的都是「現在起，我要優先善待自己」。過去以來，這些人的人生優先順位從一到十都是對方，已令他們疲憊不堪，所以他們宣布要結束這段關係，從此將自己的欲望擺在第一。

「江山易改，本性難移，有誰願意放棄到目前為止享受的特權？在和那位朋友的關係中，朋友永遠是公主，而我是奴婢。我從沒期待過她會改變。」

「我早就試過了。我們給彼此六個月的時間之後重新見面，對方只有在剛開始的那段時間小心翼翼，最後又故態復萌。他這個人的個性，就是一定要順自己的意才開心。」

如果在雙方協議下短暫分開，日後重新見面，對方卻依然故我，那真叫人萬念俱灰，那時只能果斷放棄了。至少這樣的結束，不會讓彼此有忽然被拋棄的失落感。

如果以朋友的名義，要求對方給予連母親也不曾付出過的關愛；或者雖然是情侶，卻要求給予父母才可能提供的照顧和援助，這種關係確實不易維持。人與人之間有一條必須遵守的界線，所有的付出和給予也有一定的限度。如果對方希望你滿足他如同「不求回報的親子關係」需求，令你備感壓力，那麼結束這段關係才是正解。從現在起，是時候反問自己，堅定自己的態度了。

「我是你媽嗎？」

「不是，我不是你媽。」

像這樣自問自答後，重新回到最原本的「自己」。別再扮演對方母親的角色了，找回自己原本的「模樣」吧。因此，是時候該說那句沉重的話了——「我們分開吧！」

我想甩掉的人，可能一開始就對我沒興趣

在你決定找回自己的模樣後，還需要時間思考，「為什麼以前我要活得像他媽媽一樣？而且還不是被尊敬的媽媽，而是被壓榨的媽媽？」你是不是為了掩飾自己低落的自信而給予對方過分的關切，甚至提供為對方量身打造的服務？當然，也不排除你可能本就充滿大愛，可以對人無窮無盡地付出。如果是那樣，既然你給予對方的是取之不竭的關心，就沒什麼好難過的了。因為就算朋友不懂我的真心，或朋友再怎麼討厭，至少我也沒有遭受太大的損失。

但是如果現實情況不允許，或者你已經自顧不暇，卻得用「挖東牆，補西牆」的方式來應付對方的話，想必你已經損失了相當驚人的時間、金錢和精力。但是在親身經歷過這樣的損失後，你也將有所成長。和只考量個人方便和利益的人建立關

係，無論你再怎麼努力，最後必然得承受損失。不過也別忘記，只有經歷過痛苦折磨的關係，成長的種子才會萌芽。

還有一點你要注意的是，不要為自己拋棄對方而自責。我想要甩掉的他（她），可能一開始就對我沒興趣。其實越是不希望關係改變（分離）的一方，表示在過去那段關係中過得越舒適自在。雖然他們可能會對關係的結束感到難過，不過更多是在擔心自己的生活忽然變得不便，因此抗拒分離。

在關係中獲得好處的人，或許都曾這麼想過：「我再也找不到像他一樣這麼配合我的人了。」、「在這段關係中，我有非常多的收穫。」這並非勢利的想法，而是非常自然的心理。但是，只有其中一個人獨占好處，才是真正的問題所在。換言之，關係中的好處本該是輪流享受的，如果只有得到好處的一方繼續享有好處，而另一方被迫繼續付出，就會造成嚴重的問題。

就算你一開始有所覺悟，反問自己：「在這段關係中，只有我感到自在嗎？」、「是不是只有我為所欲為？」之後仍會沉溺於單方面接受好處的舒適感，那麼無論如何，就是會試圖將對方帶往你所期待的方向。

先滿足自己的需求，再與人交往

什麼是「好聚好散」？就是結束雙方的分歧，走向各自的道路。在這個時間點上，不妨問問自己：「我真的在意這段關係嗎？我是優先考量個人需求的類型嗎？」如果答案是肯定的，那麼比起為了關係的美名，勉強自己和莫名其妙的人交往，虛耗彼此的時間，倒不如先盡全力滿足個人的需求，豈不更好？我再次強調，在尚未解決個人需求的情況下與人交往，終究無法給予對方真正的關心和體諒。

最後，如果對方緊抓著我的手不肯放開，該怎麼辦才好？

「我永遠也無法擺脫那個人了吧。」

那些內心充滿絕望、發出悲鳴的人，不妨想想本書提到的作用與反作用定律：當一方力量消失，另一方自然也會消失。只不過他們必須想辦法主動退出，因為這種情況下不可能徵得對方的同意或幫助。請記住，當你決定放手的那一刻起，雙方的關係實際上已經結束，這正是作用與反作用定律的原則。

放手吧，期待下次再見

——讓這段關係暫時休息，而非分離

先決定分開的人，主導了關係方向

我之所以不斷強調雙方在分開之前，應給予彼此思考的時間，一方面也是為了說服那些不願分開而緊緊抓住對方，最後讓關係陷入泥淖的人。聽起來也許令人難過，不過若有必要，還是得請你們尊重對方希望分開的心情，學著放掉對方的手。在對方要求放手時，能懂得放手讓對方離開，這樣的態度就能幫助你獲得下一次重新抓住對方的機會。在日常生活中，任何人都必須面對分離，只是你還沒做好準備捱過那個人不在的時間與空間罷了。

常言道：「覆水難收。」這句話聽起來確實有些殘忍。也許有人會反駁說：「對方太自私了吧，哪有人相處得好好的，忽然說分開就分開？」就算這樣，我們還是得給予同等的尊重。我們必須尊重自己想要抓住這段關係的欲望，也尊重對方希望脫離這段關係的欲望。

當彼此想法出現分歧的時候，我們通常只考慮到「自己的想法」，正是這種態度給了對方分開的名分。「就是因為他總是那樣，我才會心力交瘁！」如果對方真是你重視的人，那麼就當是為了兩人的未來著想，請現在立刻放手吧。那才是一位成熟的大人應有的勇氣。

其實，會先說出「我這段時間吃盡苦頭，受到的傷害最大」的人，也許才是最強勢的一方。因為真正脆弱、無力的人，根本無暇察覺已發生在自己身上的事，或者正發生在自己身上的事。他們就像意識模糊的病人一樣，對周遭一切懵懵懂懂。

最先覺醒的一方，只能自行摸索不讓情況惡化的方法，並嘗試對外尋求協助。就像在交通事故中雙雙昏迷，第一個向一一九或警察尋求幫助的人，既不是肇事人，也不是受害者，而是最先恢復意識的人。

想必會有人這樣反駁：「在這段關係中，我總是處於弱勢的一方，現在卻因為我最先覺醒，就說我是強者？這話說不通吧。」即便如此，在雙方分開的那一刻，最先決定的一方必然是強者。因為最先決定分開的人，主導了這段關係的方向。

期待未來有一天，我能再牽起你的手

妥善處理分離的意思，是指果斷結束關係。這裡所說的「果斷」，不是狠心斬斷關係，絕不回頭，而是停住衝向破壞的暴衝。所以，我們需要一個性能絕佳的「煞車器」。一個好的煞車器，可以將自己從破壞性的關係中拯救出來，甚至拯救對方。當自己向對方宣告：「我再也無法接受現在的『你』。」這個行為就是煞車。如果對方總是在戀人關係、老友關係等冠冕堂皇的名義下要求你，或者你永遠是付出的一方，就更需要這麼做。

別害怕煞車。開車時，當我們的安全面臨威脅的瞬間，當然要踩煞車。同理地，當關係出現破壞力強的暴衝時，也要踩煞車拯救自己。關係必是有來有往的、雙向的，因為關係中有我有你。當關係失衡的時候，我們也有權提出分開的要求。

只是，如果你比對方早決定分開，也請給對方一些時間。不管你決定分開的原因是由於厭煩了為所欲為的對方，還是想保護自己，都要給對方時間，那怕這段時間不長。如此一來，對方也才能在那段時間內思考、煩惱，並在此之後接受分開的事實。

當有人想放手的時候，願意認同對方的決定，並和對方一起放手，這當然是最好的；不過決定要放手的一方，也有必須遵守的禮貌。雖然當下你是因為與對方相處困難而選擇放手，不過別忘了，有一天你也許會再牽起對方的手。當然，前提是對方有能力建立健全關係的時候。如果沒有這個前提，你再次遇見對方的時候，對方只會滿心認為「當初是你拋棄了我」，企圖向你索求精神上或物質上的賠償。

當雙方有能力營造健全的關係時，那時再重修舊好即可。我之所以建議暫時把這段緣分放下，不要一刀斬斷，正是因為期待未來的某一天，雙方能夠重新握手言和。所謂結束關係，並非只有永遠的分離。別忘記，它也可以是短暫的休息，還可以是下一次見面的約定。

好好想一想

關於人際關係的 Q&A

Q1 您說我必須了解自己要的是什麼，要怎麼知道呢？我不知道有什麼方法。我該怎麼做才能知道自己的需求？因為我從小到大都是聽從別人安排，看不見自己的需求。

A：想要了解自己在關係中的需求，最好的方法是將需求記錄下來。只要用文字或短句，寫下自己對對方的要求，如此一來，你將會發現兩件事實。第一，即使不寫下來，你也已經知道自己要的是什麼；第二，文字或內心的聲音不一定都是真實的。既然如此，我為什麼還要你寫呢？這是為了讓各位發現自己即使不寫下來，也早已知道自己要的是什麼。要體會簡單的道理，得下非常多功夫。就算不寫下來，也會銘刻在心上的話語，也許才是我們真正的想法吧。雖然你說「不知道自己需要是什麼」，但是請再仔細想想。其實你早已知道答案，只是沒有做好準備，沒有勇氣向對方提出自己的要求，所以連嘗試都不敢。

Q2 根據過去經驗，我知道自己一定會被對方牽著走。可是就算這樣，我還是常被主導性強的人所吸引，為什麼呢？是我不會看人嗎？

A：不是你不懂得看人，而是你看得太清楚了，這才是問題。你太清楚自己會被什麼類型的人吸引了，就像我們常說：「男人不壞，女人不愛。」可是這種情況不只發生在異性身上，就連一般人也會受到「壞人」的強烈吸引。為什麼呢？那是因為這些人在關係的「開始、過程、結束」三個階段中，會在「開始」的階段特別活躍。

會強烈表達個人主張的人，當然是個人意見鮮明，好惡分明的人。這種人的形象看起來特別幹練。如果你又是優柔寡斷、行事謹慎的人，自然會將對方看作「能力高強者」。所以主導性較弱或依賴性較強的一方，經常覺得這種人有著強烈的魅力。他們可代替我主張權利或表達意見，令我感到安心，同時他們挺身而出為我出一口氣、為我爭權的模樣，也令我深深著迷。問題就在於，實際上他們只是因為「自身的權利與需求」受到侵犯而憤怒，我們卻總是誤以為他們為我仗義執言。

別忘了，當他們不滿的對象是「我」的時候，他們也會像「對別人那樣」對待我。這不是在說誰好、誰不好的問題。如果你每次都受到這種人吸引，就不容易被「不擅言辭的人」吸引。其實不擅言辭的人也需要你嘗試親近和了解，他們身上肯定有你不曾發現的魅力。還有另一種解決辦法，那就是培養你個人的實質能力和精神能力，直到足以和充滿魅力的人抗衡為止。

Q3 從現在開始，我也想多和真正的好人相處。該怎麼做才能跳脫原本被壓榨的關係，建立起雙贏的關係呢？

A：這本書所想解答的，就是你提出的這個問題。但這個問題其實並不是很容易回答，如果非得說出一個答案的話，我會建議你來一趟「跳脫關係的旅行」。什麼是旅行？旅行對於人生具有各種不同的意義，而我個人認為旅行是與日常生活相對的另一種模式。當日常生活沉重煩悶的時候，我們就會想去旅行，這也意味著旅行可以為我們帶來不同於日常生活的色彩。從這個觀點來看，「跳脫關係的旅行」對人生有其必要。如果想擺脫自己天天碰面、經常發生衝突的對象，就選擇和那個人風格截然不同的人交往，這就是跳脫關係的旅行。為什麼我會這麼說？因為正面的改變需要耗費精力、努力與強大的意志。我們常說：「江山易改，本性難移。」要改變自己原本的氣質、性格、習慣等，都不是容易的事。然而俗話說的好，「從善如流，從惡如崩」，人們不容易往好的方向改變，變壞時卻變得極快。一旦自己的行為出現錯誤，就會衍生其他問題，最後事情變得像電話線一樣錯綜複雜。當事態發展到這個地步，如果你想要轉回正確的方向，就必須付出相當大的苦心。我們也可以用同樣的道理來看待關係。如果你想要跳脫既有關係的框架，最有效的方法是讓自己累積不同的經驗，藉此將關係轉向截然不同的方向。所以，如果你發現了身邊有「跟你截然不同的人」，請別錯過那個人，試著和他建立良好的關係吧。就算那個人最後不適合你，也別太失望。當你願意嘗試跳脫關係，就足以證明你已經成功了。

Q4 朋友曾提醒我要多注意自己給人的印象，說我看起來很好應付、反應很好猜。我覺得應該忠於自己的感受才對，難道這也需要改善嗎？

A：要我們別輕易向別人表露情感的建議或忠告，都是老生常談了。我不能理解的是，韓國社會為什麼總要求人們隱藏自己的感受。當然，在某些場合上不說出真心話才是美德，但是請想像一下，如果整個社會都是城府深沉的人，會有多讓人厭煩啊？不過，要是你也認為自己因為「看起來好應付」，所以身旁很多人不把你當一回事，甚至因此受到傷害的話，最好請認真考慮朋友的建議。但是，我不希望你就此隱藏自己的情感。

請記住，忠於自己的感受和直來直往是不一樣的，如果混淆這兩者，那麼你因為忠於自己的感受而能與他人建立親密關係的優點，可能一不小心就變成「直來直往的個性」。直來直往是不經大腦、口無遮攔，而你具備的是喜歡所有人、親近所有人的勇氣，這可是非常了不起的能力。如果一個人沒有極大的勇氣和自信，不可能向別人掏心掏肺、坦誠相待。就像我們邀請客人來自己家時，不但要先有關心對方的善意，還要做好公開自己家的準備才行。無論如何，這需要有高度的信心，同時還得有雙方的信賴作為基礎。「就算表達自己的想法，我也沒有任何損失。」抱持這種信念的你，是心態非常健康的人。

Q5 有人說「這是個可以選擇關係的時代」，我覺得這句話聽起來很自私。你認為呢？

A：你覺得「朋友也要慎選」這句話聽起來自私嗎？其實你不必那麼想。就算小時候父母百般叮嚀，要我們多跟資優生親近，相信不少人還是選擇和自己性格相近的人當好朋友。當然，長大成人後的今天依然如此。我要說的是，實際生活中每個人都已經在自行選擇關係了。當你問自己：「週末這麼珍貴的時間，我要和誰見面好？」想必心裡會自動篩選出幾個人，並且早已排好了候選人的順序。雖然從嚴格意義上來說，這樣的行為不算關係的選擇，不過我們在日常生活中，已經很自然地進行各種「選擇」，而這些選擇最終通向關係的選擇。在「這是個可以選擇關係的時代」的說法中，其實存在著「我們每天都會與許多人來往、互動」的前提。如果在與他人頻繁互動的生活中，我們卻沒有做出選擇，反倒是奇怪的事。重要的是，我們是否認同這樣的想法：無論能否在當中發現與我志同道合，並且共同經營關係的同伴，這些選擇都是生命中必經的過程。

Q6 我已經嘗試過好幾次，還是沒辦法和人建立良好關係。大概是我缺乏這方面的能力吧。我究竟要經過多少次失敗，才能讓關係穩定下來？

A：如果我可以回答你失敗的次數就好了，可惜的是，我辦不到。不過我希望你越挫越勇，也樂意為你加油。其實在治療患者的過程中，我們經常遭遇到的困難之一，就是如何讓他們接受經歷失敗的必要性，並且幫助他們用這種態度面對生命。因為失敗必然伴隨內心的挫折、失望。受到極大創傷而接受心理治療的人，可能覺得這個過程只會平添更多不必要的傷害，他們不能接受自己為什麼非得經歷失敗不可。雖然這麼說會讓我看起來像個絕對的經驗主義者，但是我真不知道任何可以跳過錯誤而有所收穫的方法。我可以告訴你的，只有如何修正錯誤，並將錯誤縮減到你所能承受的程度。這個方法就是「向孩子學習」。

無論是遊戲、學習或待人接物，孩子們在學習新知時，總會無限重複。但是如果我們仔細觀察，就會發現那並不是無窮無盡的重複，孩子們其實只會做到自己覺得可以接受的程度。當他們對某些現象得出結論後，便會停止重複，接著迎接下一個新的挑戰。所以我說「要向孩子學習」。在人際關係中，這種彈性至為重要。嘗試與重複挑戰固然重要，然而在適當的時機點結束更為重要。在這個過程中的收穫和錯誤，自己都必須花時間消化、整理。如果你只是抱怨「這段關係也失敗了」，讓失敗的經驗埋沒在挫折感中，那麼你永遠都無法成長。

還有一件重要的事。當我建議別人去參加和眾人交流的聚會時，不少人會回答說：「我去過了，可是沒有什麼收穫。」這種想法是將聚會世俗化了。最好把參加聚會看作是可以累積各種經驗的「機會」。

結語

我們有時是彼此的明燈，有時是彼此的所需

人際關係中不會只有「我和你」

「什麼？你說我被人利用了？」

當我們發現被別人利用的時候，總會先發脾氣再說。

「才不是，我從來沒有利用過那位朋友！」

當我們被誤會在利用他人的時候，就像被當成犯人一樣憤怒。

我們在前面已討論過被人利用、被人壓榨的不當關係。而在討論過程中，我指出了比這段關係更為重要的關鍵，那就是「這是建立在彼此的需求之上」。

老實說，就是因為我們過於執著在單純的關係上，才會在實際的人際關係中跌跌撞撞。我們從小就被教育，不該為了一己之需而和誰交往，被灌輸「利用他人」

是相當無恥的行為，也被迫接受這種思想。

然而現實生活中又是如何呢？當別人利用我時，我也在利用別人。在職場上、社會上、朋友之間，甚至是家人之間，也存在著利用與被利用的關係。只有兩者之間的平衡被破壞時，才會導致真正的問題，「利用」本身是不該被掃進地獄中的絕對之惡。

建立在需求上的關係，在今日社會更顯重要

我之所以要利用結語的篇幅再三說明，是為了將這可能讓讀者感到陌生的新觀點重新傳達。在現今社會中，「我和你」的關係與「我和它」的關係其實同等重要。這是什麼意思？在對人際關係抱持美好幻想的部分讀者提出反駁之前，我要趕快解釋一下。

理想的關係狀態並非唯一的解答，也許為了現實因素而建立的關係，才是我們必須了解的關鍵。我把它稱為「建立在需求上的關係」。當實際查閱辭典時，你會

發現把「我和你的關係」看作較高等，把「我和它的關係」看作較低等的定義，是非常狹隘的概念。那麼在關係中，你該注意哪些事呢？

如何意識到自己的需求，同時接受自己也有需求的事實，恪遵做人之道；如何在關係中維護自己的尊嚴（dignity），不輕易受他人操控；如何不損害自己和他人的價值，在叢林般險惡的社會中，學會應付那些想靠快點親近別人以達到目的的人，並保護自己不受其害。如果我們一味執著於追求單純的關係，就無法面對上述的實際情況，更遑論學習解決這些問題的方法。為了保護自己，也為了保護對方，我們必須揚棄理想主義，從現實主義著手，在認同彼此需求的前提下共同尋找答案。

保護自己也保護對方的七道問題

想面對關係問題的第一道關卡，就是認同自己及尋找自己的需求。以下的問題，將有助你辨識自己真正的需求。儘管有些困難，也希望你在認真思考這七道問題後，試著盡力找出解答。

1.認清自己的需求：問自己，我在這段關係中的需求是什麼？

你對於自己的需求了解有多少？請將你的需求列為清單，盡可能詳細記錄下來。這些需求通常會分成兩塊，一邊是不需再多說、非常明確的需求，一邊是模糊不清、有待確認的需求。有些人可能對自己的需求沒有任何想法，或許還會這麼說：「這個嘛，我沒有特別需要什麼。」

其實每個人都是有需求的，不是因為你真的沒有需求，你只是不知道自己的需求而已。

2.建立在個人需求上的關係：他和我的需求有多大關聯？

請你試著評估各種可能性，例如對方是完全符合我的需求，還是部分符合，又或者和我的需求完全無關？

3.將對方視為獨立個體的思維：我是否將他視為獨立的人格個體？

每個人就是一個人格個體。在關係中，我對這事實有多少體認和經驗？撇開我的需求，和對方相處的時光有多快樂？對我的意義有多大？

4.有求於人時，我對待對方的態度：我怎麼要求他滿足自己？

當對方確實擁有我所需的某項條件時，我是否會向對方提出要求？我是用什麼態度向對方提出要求？是強迫對方，還是低聲下氣，又或者鄭重拜託他？

5.我對待對方決定的反應：我對他的決定有何反應？

我向對方表達了我的需求，並希望對方能予以滿足。對於我的要求，對方出現何種反應？他是否同意幫忙？如果他不同意幫忙，我又是如何回應的？我是否做好尊重與接受對方決定的心理準備？

6.界定需求和幫忙之間的分際：雙方是否有說好會幫到什麼程度？

如果對方對我的需求給予正面回應，那麼下一個我該問自己的問題是：雙方是否對幫忙的實際限度與範圍有明確的共識？雙方能否溝通這個問題？

7.在滿足需求後，我對這段關係的回應：我會如何向對方表達謝意？

當我獲得實質的幫助時，我是否會發自內心感謝對方？我會謝謝他嗎？如果我很感謝對方，是否有表達出來？如果有，又是如何表達的？

分享彼此「需求」，讓關係走入現實

前面所提到的七道問題，對於診斷及解決我們在關係中的問題，能提供非常大的幫助。面對當下的關係，雙方應各自釐清自己的需求，並接受自己是為了滿足個人需求而接近對方的事實。唯有認清這個事實，我們才能正視對方，將自己的需求鄭重託付給對方。

在你告訴對方自己的所需後，也必須做好尊重對方回應的準備。如此一來，即使雙方一開始是「我與它」的關係，日後也有機會發展成「我和你」的關係。我既能接受對方對我釋出的善意，同時我依然能保有自己獨立的人格。只不過這裡有一點我們要能分辨清楚，究竟對方是帶著善意提供所需，還是帶著特殊的目的來引我上鉤。

這七道問題不僅有助於了解自己的需求，也能用來檢驗為了個人需求而接近自己的人。這時，我們只要將問題的主詞換成對方即可。在經過這一連串的檢驗過程後，我們就能決定是否要提供對方我所擁有的東西，而這個決定將有助於雙方建立能積極滿足彼此需求的關係，而不是某一方在不知不覺中被利用的關係。唯有如此，這認同彼此需求的平衡關係才算真正展開。

每個人都想單方面利用與壓榨對方，這也無可厚非。相對地，無論在何種情況下，我們都要以保護自己為優先。在此基本前提下，雙方能尊重彼此為獨立的人格個體，時而與對方分享心情，時而滿足自己的需求，也許這種關係才是目前我們期盼的解答，同時也是我想推薦給讀者的最實際的解答。

國家圖書館出版品預行編目資料

虧我一直把你當朋友：拒絕別人對你的傷害，找回關係主體性的關係心理學 / 成裕美作；林侑毅譯 . -- 臺北市：三采文化，2020.02
面； 公分 . -- (Mind map ; 201)
ISBN 978-957-658-299-8(平裝)

1. 人際關係

177.3　　108022732

suncolor 三采文化集團

Mind Map 201

虧我一直把你當朋友

拒絕別人對你的傷害，找回關係主體性的關係心理學

作者｜成裕美　譯者｜林侑毅
副總編輯｜鄭微宣　責任編輯｜劉汝雯　版權選書｜孔奕涵
美術主編｜藍秀婷　封面設計｜池婉珊　封面插畫｜Dinner Illustration
內頁排版｜新鑫電腦排版工作室

發行人｜張輝明　總編輯｜曾雅青　發行所｜三采文化股份有限公司
地址｜台北市內湖區瑞光路 513 巷 33 號 8 樓
傳訊｜TEL:8797-1234　FAX:8797-1688　網址｜www.suncolor.com.tw
郵政劃撥｜帳號：14319060　戶名：三采文化股份有限公司
初版發行｜2020 年 2 月 27 日　定價｜NT$360
3 刷｜2020 年 6 月 10 日